# 行稳致远

## 探寻中国绿色转型发展密码

滕 飞◎著

经济管理出版社
ECONOMY & MANAGEMENT PUBLISHING HOUSE

**图书在版编目（CIP）数据**

行稳致远：探寻中国绿色转型发展密码 / 滕飞著.
北京：经济管理出版社，2024. -- ISBN 978-7-5096
-9989-8

Ⅰ . F124. 5

中国国家版本馆 CIP 数据核字第 2024LM3389 号

组稿编辑：申桂萍
责任编辑：申桂萍
助理编辑：张　艺
责任印制：许　艳
责任校对：蔡晓臻

出版发行：经济管理出版社
　　　　　（北京市海淀区北蜂窝 8 号中雅大厦 A 座 11 层　　100038）
网　　址：www. E-mp. com. cn
电　　话：（010）51915602
印　　刷：唐山昊达印刷有限公司
经　　销：新华书店
开　　本：720mm×1000mm/16
印　　张：10. 75
字　　数：158 千字
版　　次：2025 年 1 月第 1 版　　2025 年 1 月第 1 次印刷
书　　号：ISBN 978-7-5096-9989-8
定　　价：78. 00 元

# 前　言

　　我国正处于建设社会主义现代化国家新征程、实现中华民族伟大复兴的关键阶段，推动经济社会发展绿色转型是实现高质量发展的关键环节，是满足人民群众优美生态环境需要，是促进实现"双碳"目标以及人与自然和谐共生现代化的根本途径。

　　2024 年 1 月 31 日，习近平总书记在主持二十届中央政治局第十一次集体学习时指出，绿色发展是高质量发展的底色，新质生产力本身就是绿色生产力。习近平总书记的重要论述，从理论上阐明了新质生产力与绿色生产力的深刻内在联系，为夯实绿色高质量发展、赋能高质量发展提供了理论基石，为经济社会发展全面绿色转型提供了思想指引和根本遵循。2024 年 2 月 19 日，习近平总书记在中央全面深化改革委员会第四次会议上的讲话中指出，促进经济社会发展全面绿色转型是解决资源环境生态问题的基础之策，要坚持全面转型、协同转型、创新转型、安全转型，以"双碳"工作为引领，协同推进降碳、减污、扩绿、增长，把绿色发展理念贯穿于经济社会发展全过程各方面。

　　绿色转型是指经济发展摆脱对高消耗、高排放和环境损害的依赖，转向经济增长与资源节约、排放减少和环境改善相互促进的绿色发展方式。绿色转型发展不仅是生态环境的转型，也是对传统工业化模式的修补，还是一项涉及经济社会各个领域的全局性、综合性、战略性的工作，是发展方式的革命性变革。要立足当前、面向未来、统筹兼顾，全面贯彻落实新发展理念，转变传统发展模式和路径。

我国各地绿色转型发展要从宏观尺度上与本地在国家战略中的地位、作用、优势相契合，从中观尺度上与在省域的发展条件、区位条件相吻合，从微观尺度上与城市自身的发展基础、特色优势相融合。各地要增强使命感、责任感，充分发挥各地比较优势，厘清转型方向和发展重点，因地制宜、精准施策，推动经济实现量的合理增长和质的稳步提升，促进地方发展和国家战略"双向奔赴"；增强市场主体活力，加快形成统一开放、竞争有序的市场体系，加强政府引导、调控和服务作用，积极营造良好的政策环境和社会氛围，全面优化营商环境，推动有效市场和有为政府更好结合；坚持以人民为中心，坚持共同富裕方向，以解决人民群众最关心、最直接、最现实的问题为突破口，着力践行"绿水青山就是金山银山"的理念，在经济发展中促进绿色转型，在绿色转型中实现高质量发展。

在世界百年未有之大变局加速演变的时代背景下，中国的发展与世界的发展紧密联系、息息相关，绿色发展问题不只是某个国家面临的问题，而是全球共同关注的共性问题，绿色发展已经成为全球共识。通过共建绿色丝绸之路，为全球绿色发展注入中国力量。绿色发展理念不仅将造福中国，也将惠及世界。

本书以老工业城市和资源型城市为两大典型地区，打造绿色转型发展高地。抓住科技创新、产业转型升级、生态产品价值实现、空间优化、国内和国际合作五大关键领域，激发绿色转型发展活力。各章的安排如下：

第一章，促进老工业城市转型发展思路研究；第二章，推动资源型城市转型发展；第三章，增强东北地区区域创新能力的战略思考；第四章，我国产业衰退地区产业转型升级的重点及思路；第五章，老工业城市和资源型城市高质量发展的现代产业体系构建研究；第六章，让"市场之手"在生态产品价值实现中发挥更大作用；第七章，汉江生态经济带空间布局研究；第八章，注重用"空间"思维解决生态问题；第九章，统筹推进哈长城市群生态共建环境共治；第十章，新发展格局下推进绿色丝绸之路建设的思路与举措。

# 目　录

# 第一章 促进老工业城市转型发展思路研究

老工业地区因工业而兴，不但在我国工业体系和国民经济体系中具有重要的地位，而且是维护我国产业链和供应链安全的"主力军"。加快老工业城市全面振兴，是党中央、国务院作出的一项重大决策，它既是提高我国产业安全的战略举措，也是促进区域协调发展的重大任务，更是优化调整国有资产布局、更好发挥国有经济主导作用的客观要求。当前和今后一个时期是东北等老工业地区全面振兴的关键时期，下一步，要统筹全局、综合施策，采取新的战略性举措，推动老工业城市迸发"新活力"。

老工业城市曾为我国经济发展做出了巨大贡献，对全国工业发展具有重要影响。但是，近年来，随着产业结构的逐步老化，这些城市的经济增长出现了乏力，甚至呈现出了衰退趋势，逐渐成为我国经济社会发展的问题区域。国家高度重视老工业城市的振兴发展，2003 年以来，我国先后出台了多项重要支持政策。目前，有些老工业城市的转型颇具成效，但还有一些城市的经济发展仍然徘徊不前。2016 年，中华人民共和国国家发展和改革委员会（以下简称国家发展改革委）出台了《发展改革委关于支持老工业城市和资源型城市产业转型升级的实施意见》，指出要"积极探索符合本地实际、各具特色的产业转型升级路径和模式"。

中经智库发布的智库报告《山东淄博：强链补链延链推进老工业城市转型升级》认为，老工业城市衰退的实质是产业结构的严重"老化"，城市持续衰退的主要原因是主导产业竞争力的下降，因此，老工业城市的产业转型升级实际上是城市产业体系重构的过程，改造与振兴老工业城市的关键是实现产业结构的转换与优化，重建产业定位，构建新的产业体系。

# 第一节　新时代促进老工业城市全面振兴发展的背景

根据《全国老工业基地调整改造规划（2013—2022 年）》，全国共有 120 个老工业城市，包括 95 个地级城市和 25 个计划单列市的市辖区。老工业城市的工业基础雄厚，建有众多关系国民经济命脉和国家安全的战略性产业，维护国家产业安全、国防安全、能源安全的战略地位十分重要，关乎国家发展大局。经过多年的振兴发展，东北等老工业城市的经济社会发展初显成效，但部分老工业城市发展相对滞缓的趋势仍未扭转，振兴发展的基础仍不牢固。因此，促进老工业城市新一轮振兴，对于推进区域协调发展、坚持和发展中国特色社会主义都具有十分重要的意义，无论面对多大的困难也要迎难而上。

**一、促进老工业城市振兴有利于维护国家产业安全**

东北地区的老工业城市拥有中国一重集团有限公司（以下简称中国一重）、中国航空工业集团哈尔滨飞机工业集团有限责任公司、齐重数控装备股份有限公司（以下简称齐重数控）、鞍钢集团有限公司、沈鼓集团等众多涉及国计民生和军工的重点企业，是我国重大技术装备行业的支柱型、战略型领军企业。虽然部分企业目前亏损严重，但其仍是全国装备制造行业产业链中重要的一环，特别是老工业城市的企业生产的大型锻件加氢反应器、大型矿山采掘设备、大型成套连铸连轧设备、重型数控机床、核电设备、大型铸锻件等"国之重器"对国家产业安全和完善全国制造业产业基础高级化、产业链现代化有重要意义。例如，齐齐哈尔作为国家重要的老工业城市之一，拥有一批关系国民经济命脉和国家安全的战略性产业。"一五"时期，国家156项重点工程中被誉为"国宝"的第一重型机器厂、被称为"掌上明珠"的北满钢厂、富拉尔基热电厂3个项目相继落户在齐齐哈尔。中国一重为国民经济建设提供机械产品400余万吨，开发研制新产品400多项，填补了国内工业产品技术空白400多项，创造了数百项"第一"；建龙北满特殊钢有限责任公司拥有黑龙江省唯一的高品质特殊钢工程技术研究中心；中车齐齐哈尔车辆有限公司是亚洲最大的铁路货车制造基地，引领世界铁路货车技术发展方向。

**二、老工业城市拥有振兴发展的制造业生产优势和技术优势**

东北地区的老工业城市具有雄厚的工业基础，形成了门类齐全的工业体系。例如，黑龙江省累计为全国提供了1/3的电站成套设备、1/2的铁路货车。沈阳、哈尔滨、齐齐哈尔、吉林等城市是我国最早兴建的老工业城市，具备冶金、化工、重型机械、纺织、医药等门类齐全的工业体系。经过几十年的发展，这些产业基础雄厚、生产要素完备，并培育了大批生产技能熟练的产业工人。尽管近年来这些产业发展下滑明显，但生产优势依然较强，具备企稳回升和发展壮大的条件和能力。此外，老工业城市的科研基础雄厚，黑龙江省拥有哈尔滨工业大学、哈尔滨工程大学、东北林业大学等高等院校，有独立的科研院所226所、"两院"院士40人、国家级专家4000多人，年均专利申请数量突破3.2万件。2019年，辽宁省有115所高校，有科技活动机构近1700个、"两院"院士54人、产业技术工人460万。近年来，东北地区的老工业城市正加快传统产业升级改造，积极培育新兴产业，促进"老字号"焕发生机活力、"原字号"延伸产业链、"新字号"不断集聚，取得了阶段性成果。

# 第二节　老工业城市发展面临的主要困难和问题

老工业城市曾是我国工业的"摇篮"，在共和国发展史上写下了光辉灿烂的篇章。然而，老工业城市既是最先步入计划经济，也是最后走出计划经济的，长期积累的体制性、结构性矛盾日益显现，工业生产一度步履维艰，经济位次不断后移。老工业城市的部分发展相对滞缓，主导产业衰退，发展面临较大挑战，直接影响地区经济社会的健康发展，主要表现在以下几个方面：

## 一、产业新旧动能转换乏力

回望历史，东北地区的老工业城市都是中华人民共和国成立以来国家重点建设、投入过大量资金的地区，曾在国民经济中占有重要地位，为国家建设提供了大量物资和装备，输送了大批人才和技术，为改革开放和现代化建设作出了重要的贡献，也创造了历史性辉煌。例如，"156项工程"中的50个项目布局在东北地区，占实际投资总额的44.3%。其中，辽宁省拥有21项、黑龙江省拥有20项、吉林省拥有9项。东北地区的"156项工程"主要集中在重工业领域，尤其是能源产业、化工原材料产业和机械制造业。吉林省是我国重要的老工业基地，诞生了我国第一辆汽车、第一列铁路客车、第一袋化肥，以及中国第一汽车集团有限公司、中车长春轨道客车股份有限公司等"国"字号大型企业。但是目前，这些地区原来引以为傲的主导产业已经呈现明显的衰退迹象，在国民经济中所占的地位逐渐降低。"156 项工程"中的部分项目已停产或转产，退出了历史舞台。

近年来，东北地区的老工业城市积极采取有效措施应对经济发展，从投资、消费、净出口"三驾马车"来看，经济增长过度依赖投资，消费对经济拉动能力较弱，净出口对经济拉动能力更弱。从要素投入来看，尚未形成集约型增长，经济增长主要依靠劳动、资本、土地等要素的大量投入，要素成本较高；加之历史上形成的制度和文化积淀的影响，结构惯性仍然严重制约东北老工业城市转型发展的进程。

从产业发展来看，传统产业的转型升级或退出、新产业的培育都需要一个较长的过程，特别是老工业城市的新兴产业大多处于起步阶段，产业规模不大，产业链条不够完整，核心竞争力不强，对区域发展尚未形成有力的支撑。很多老工业城市经济结构比例相对失衡，仍然依靠之前的主导产业支撑经济的发展，高技术产业、现代物流、文化旅游等新兴产业尚未形成规模。产品结构不合理，产品深度开发滞后，产业链条短，尤其缺乏市场覆盖面大、在市场中有较强竞争力的名牌产品。一是传统产业优势正在减弱。近年来，随着我国工业化进入中期阶段，即重化工业化阶段，长三角、珠三角等地区重化工业发展较快，在重化工业化进程中形成了各自的比较优势。东北老工业城市重化工业发展的比较优势不明显，有些方面甚至存在明显差距，主要表现在传统支柱产业的主营业务收入不高、产出效益不理想、部分重大技术装备及零部件严重依靠进口。二是传统产业配套能力不强。目前，东北老工业城市产业发展的总体情况是关联度低、层次低、链条短，处于国内外产业链的中低端。从装备制造业来看，具有系统设计、系统成套和工程总承包能力的大公司较少。三是新兴产业竞争力尚未形成。东北老工业城市高度重视战略性新兴产业的发展，也取得了一定成效，但从实际来看，发展规模较小，龙头骨干企业较少，产业竞争力较弱，无法对地区经济发展起到支撑作用，更无法发挥引领经济发展的作用。目前，辽宁省生物医药以及航空航天、医疗设备、集成电路设备等战略性新兴产业的产值均不到 1000 亿元，对经济发展的支撑作用不强。

## 二、地方财政收支矛盾十分突出

东北老工业城市经济发展滞缓导致固有税源不断下滑，地区税收持续萎缩，地方一般预算收入占财政支出的比重逐年下降，市政基础设施、环境治理、社会保障、安全生产、人员就业、可持续发展等方面面临极大的财政支出压力。例如，齐齐哈尔市因两大主导产业——装备制造和钢铁行业发展滞缓，税收大幅减少，比重逐年下降，直接影响了地方财政收入，财政收支矛盾突出，部分城市财政支出是靠上级转移支付补助才勉强实现预算平衡的。

## 三、资源环境对产业发展的约束力增强

很多老工业城市之所以能够成为工业重地，很大一部分原因在于拥有丰富的资源，如石油、煤炭和铁矿，降低了工业发展的成本。老工业城市多以传统产业、重化工产业为主导，生态破坏和环境污染较为严重，大气污染、水污染和地下水超采问题突出。传统的粗放型发展模式导致生态环境破坏严重，矿坑造成的土地浪费触目惊心。随着国家对生态文明建设的日益重视和绿色发展理念贯彻实施，东北老工业城市以能源重化工业为主导的传统发展模式面临严峻挑战，这也成为当前及未来产业发展的重大约束性条件之一。与此同时，资源约束的强化、生态环保要求的提高，也无形中提高了产业准入的"门槛"，使发展相对滞缓的老工业城市产业转型和新产业培育的难度明显提高。

## 四、人才流失进一步加剧了创新动力不足

我国经济发展正处于投资拉动向创新驱动转变的关键时期，区域创新能力

已经成为决定区域发展综合实力与竞争力的关键因素。由于东北老工业城市的大量国有企业效益下降、转产转制或倒闭，致使人口大量外流，特别是研发人员、管理人员和高级技工等中高端人才的大量流失，严重削弱了区域科技创新基础能力，使老工业城市陷入"人才外流—创新乏力"的恶性循环中。东北地区已经连续多年呈人才外流状态，尤其是具有创新思维的高精尖年轻人才，致使东北老工业城市科技创新不足，具有自主知识产权的产品少，部分产业存在技术瓶颈，这是造成传统产业升级步伐缓慢和新兴产业，特别是高技术产业发展滞后的重要原因。

**五、就业、再就业压力增加**

东北发展相对滞缓，其原因是老工业城市产业结构不合理、缺乏能大量吸纳劳动力的轻工业和第三产业。过去国有企业改革所带来的下岗、失业人员的再就业和基本生活保障问题等至今仍阻碍着很多地区的发展。相关城市受自然资源枯竭、国有企业改革等影响，加之地区产业结构不合理、缺乏能大量吸纳劳动力的轻工业和第三产业，所以城镇登记失业人数与城镇就业人数之比较高。在当前形势下，经济增长速度减缓、居民收入增长放缓、财政资金缺口扩大、社会保障资金缺口扩大以及"去产能"等因素进一步加大了就业压力。

# 第三节　国外老工业城市的转型经验

老工业城市曾经是欧美日等发达经济体的经济支柱。20世纪六七十年代，许多发达经济体开始推进"去工业化"进程，一些老工业城市逐渐步入"后工业化"城市，服务业成为新的经济增长点。但也有一些老工业城市进入经济衰退的轨道，城市发展逐渐面临很大困难。政府为了振兴衰退的老工业城市采取了很多对策措施，但成效不一，既有转型成功的，也有失败的。

## 一、日本北九州

九州岛北端的北九州市是日本重要的工业城市和港口城市。北九州市的工业历史可以追溯到一百多年以前的国营八幡制铁所，其是日本最早的工业区之一。而后，食品加工、制陶、化工、钢铁等工业陆续向北九州集中，使其一跃成为日本四大工业地区之一。1935年，北九州工业产值占日本全国的8.3%。此后，随着产业结构发生变化和工业布局东移，北九州开始出现产业衰退和经济衰落，1960年，其工业产值占日本的4%，1969年下滑到2.2%（曾荣平和岳玉珠，2007）。1978年，平炉炼钢、炼铝、造船、化肥等九州的支柱产业被《特定萧条产业安定临时措施法》指定为"结构性萧条产业"，北九州的工业进一步衰落。1980年，其工业在全国工业中的比重已经下降到1.2%，制造业从业人员也不断减少。随着工业的衰退，北九州的城市基础设施负债越来越多，失业问题日益突出，直接影响了城市经济发展和社会稳定。

为了应对这种困难，北九州政府采取了一系列改革措施。一是振兴煤炭等传统产业。一方面，通过九次调整煤炭产业政策促进煤炭产业的转型，寻求产业的多元化发展；另一方面，制定一系列保障政策措施，对失业工人进行补贴和再就业培训，为工业区居民的生活、生产提供保障。二是大力发展新兴产业。大力兴办现代化的工业园区，不断改善基础设施，逐步吸引外来企业迁入，促进地区多元化经营。此举集聚了一批新兴产业，其中最典型的是集成电路产业。三是促进产业创新。建设了"学术研究城"，为产业创新提供智力支撑，在机器人、半导体、生物、环保等多个领域开展联合研究，成功与日本早稻田大学、英国克拉菲尔德大学、德国国立信息处理研究所、新日铁公司等研究机构和企业展开合作。四是积极发展旅游业，实现了产业结构的转换。依托

独特的工业资源发展工业旅游，带动第三产业发展。北九州市第二产业比重由
1965 年的 40% 降至 2000 年的 27.9%，而第三产业比重由 1965 年的 56.6% 升
至 2000 年的 69.9%。五是加大对环境的治理力度。一方面，优化环境，吸引
企业和人口集聚；另一方面，通过发展环境产业带动其他产业发展，培育出一
批拥有先进环保技术的企业。经过多年的振兴发展，北九州已成功实现了转型
升级，成为日本高科技产业、新兴工业的主要基地，其经济重新焕发了活力。

**二、英国曼彻斯特**

有着"棉都"称号的曼彻斯特是工业革命的发源地之一，也是英国重要
的工业中心。曼彻斯特以前是以亚麻和毛纺业为主，19 世纪五六十年代，曼
彻斯特的工业开始转向棉产品深加工和棉纺织机械制造，后来工业行业越来越
多，尤其是纺织业、通用机械业、食品加工业等行业在英国逐渐占有重要地
位。1860 年，曼彻斯特成为世界上工业化程度最高的城市，进入发展极盛时
期，赢得了"世界工厂"的美誉。20 世纪七八十年代，曼彻斯特的棉纺织业
和航运业开始相继出现严重的衰退。传统工业的衰落导致曼彻斯特的经济低
迷，被迫走上转型发展之路。

曼彻斯特采取的主要政策措施有三项：一是通过提高第三产业发展水平，
促进产业结构升级。曼彻斯特大力发展商务服务、区域零售服务、金融服务和
航空服务等产业，促进产业结构从以工业为主转向以服务业为主。经过多年的
调整，曼彻斯特已经发展成为英国西北部的商务中心和服务业中心。二是促进
新兴产业发展。一方面，大力培育新兴制造产业，促进制造业从传统产业向新
兴产业转变；另一方面，推行城市文化复兴计划、加强文化基础设施建设，大
力发展创意、体育、教育等新兴创意休闲产业，逐步成为以文化、创意、旅游
为特色的"创意产业之都"。三是多途径增强配套政策。一方面，设置专门的
独立于政府的支撑机构，如城市开发公司、城市更新机构和英国伙伴公司等，

吸引民间投资，促进基础设施建设；另一方面，通过设置企业区等特殊政策区，增强各类发展资源的集聚效应。

### 三、美国匹兹堡

匹兹堡有便利的交通条件和丰富的煤炭资源，是美国最大的钢铁生产基地，曾有"世界钢都"之称。美国内战期间，匹兹堡的钢铁工业和武器制造业得到飞速发展，为美国提供了 1/2 以上的钢铁和 1/3 以上的玻璃。第二次工业革命期间，匹兹堡开始大力发展工业经济。1899 年，卡内基成为当时世界上最大的钢铁公司。钢铁和焦炭产业成为匹兹堡的支柱产业；同时，匹兹堡还拥有铝冶炼与加工业、玻璃生产与加工业等多个制造业部门，成为当时世界上最主要的制造业城市之一。1910 年，匹兹堡已发展成为美国第八大城市，人口达 50 余万。此后，受能源结构及技术进步等因素的影响，匹兹堡对钢铁企业的吸引力逐渐减小，经济增长开始出现停滞，并由此导致出现工人失业和人口外流等一系列社会问题。20 世纪 80 年代初，仅钢铁行业失业人数就达 12 万，匹兹堡陷入深度衰退中。

匹兹堡政府开始通过"复兴计划"推进城市经济转型。一是积极促进产业结构多样化。一方面，政府依托本市雄厚的制造业基础，大力发展高新技术产业，尤其是规模小但更具有竞争力的制造业；另一方面，通过建立科学、艺术、教育等多种文化区，大力发展教育医疗产业和文化产业，促进经济结构的多样化。二是积极推进战略性新兴产业的发展。从 20 世纪 80 年代开始，政府通过积极创建高新技术产业园促进生物医药、信息技术等战略性新兴产业的发展，为经济转型提供了强大的驱动力。三是充分发挥教育机构的智力支持作用。一方面，依托卡内基-梅隆大学创建了多个计算机和机器人研究机构，极大地促进了匹兹堡在信息科技领域的发展；另一方面，充分利用匹兹堡大学和卡内基-梅隆大学等多所高校的人才和智力资源，把关企业研发，发展高新技术产业。四是大力加强环境治理。通过成立专门的烟控局，实施烟雾控制法令，促进能源结构转换，最终促使匹兹堡由"烟雾之都"转变为美国最宜居的城市之一。通过一系列的措施，匹兹堡的经济已经成功摆脱了衰退趋势，实现了经济转型发展。目前，谷歌、苹果、微软等多家公司已入驻匹兹堡，传统制造业减少的就业机会也已经由新兴产业和服务业填补。

**四、美国底特律**

美国南北战争后，借助优越的地理区位，炼铜成为底特律的最大产业，并助其迅速发展为工业城市。19 世纪 90 年代，底特律的车卡、火炉制造和造船等产业得到长足的发展，毛制品、烟草、鞋靴、肥皂、蜡烛、种子、药品等产业也发展迅速，一举成为美国的重工业中心和第 13 大城市。1989 年，兰索姆创办了第一家汽车厂，拉开了底特律汽车工业经济的帷幕，底特律逐渐成为美国最重要的汽车制造厂的集聚地。20 世纪初，其汽车年产量达到两万辆以上。此后，三大汽车巨头——福特、通用和克莱斯勒逐渐齐聚底特律，使底特律成为美国汽车工业的代名词。到 20 世纪 50 年代，底特律已成为拥有 180 万人口的美国第五大城市。然而，1990 年以来，受多种因素的影响，汽车工业陷入低迷，底特律失业现象逐渐加重，2009 年失业率甚至达到了 24.9%。工业衰退导致底特律的城市地位严重下降，人口大量外流，到 2015 年，底特律仅剩下 68 万人，在美国城市排名中也降为第 21 位。

面对不断衰退的地区经济，底特律政府曾经制定了一系列措施试图遏制衰退趋势，振兴地区发展。一是再工业化政策。20 世纪 70 年代末，底特律试图通过"让工厂回来"的再工业化战略促进城市经济转型发展，并成功地新建了两座汽车厂。但是，新建的汽车厂不仅没有实现承诺的就业机会，反而引起了民众抗议和社会冲突，进一步加剧了经济衰退和社会矛盾。二是通过大规模的城建项目对城市进行更新改造，试图从外观上改变底特律的衰败景观，促进城市由生产型城市向消费型城市转变。在这期间，政府投资修建了底特律文艺复兴中心等一系列项目，并建造了高级公寓、体育馆等。但是，这些举措不仅没有达到带动经济发展的目的，反而使本就捉襟见肘的政府财政雪上加霜。三是发展娱乐经济。一方面，将福克斯城周边更新为娱乐区；另一方面，重金打造 3 个赌场，促进城市消费经济进一步向娱乐方向转化。底特律政府的改革措施没能挽回城市的颓败趋势。2013 年 7 月，底特律以高达 185 亿美元的负债金额申请破产，成为美国历史上最大的城市破产案。

未能实现产业转型升级是底特律市衰败的最主要原因。城市是一个综合体，要想实现持久的经济繁荣，必须既注重产业的专业化，又注重城市经济的多元化发展。而底特律主导产业单一，在传统的汽车产业逐渐衰退时，不仅没能及时通过技术创新对传统产业进行升级改造，而且没有及时培育出合适的接续替代产业，导致产业发展出现断档，错过了产业调整的最好时机。

# 第四节　新形势下促进老工业城市全面振兴的思路

新一轮老工业城市振兴面临很多新问题和改革的"硬骨头"，要以新发展理念为统领，围绕"振兴什么、怎样振兴、为谁振兴、靠谁振兴"等问题，既要突出重点，又要综合施策。

## 一、把构建现代产业体系作为引领高质量发展的战略目标，切实提高全面振兴的发展动能

全面振兴不是把已经衰退的产业和企业硬扶持起来，而是按照高质量发展的要求，突出质量效益，有效整合资源，着力推动产业结构优化，发展动力转

换、质量效益提升，打好产业基础高级化、产业链现代化的攻坚战，打造具有战略性和全局性的产业链，切实提高发展的可持续性。要坚持增量调整与存量优化结合，"加减乘除"一起做，"无中生有、有中生新"，既依靠增量发展新兴产业，发展新技术、新业态、新模式，培育壮大轨道交通、航空、新能源汽车、电子信息、精细化工、新材料、新能源、生物医药等战略性新兴产业，让"新树扎深根"；又通过创新优化存量，加强传统制造业技术改造，加快培育接续替代产业，推动传统产业"老树发新芽"，为产业多元化发展提供新动力，壮大现代产业体系，推动老工业城市朝着高质量发展的方向转型升级，为更长时期、更高质量发展蓄积后劲。

### 二、以市场化改革为突破口，激发各类市场主体竞相迸发发展活力

老工业城市之所以发展滞后，体制机制改革滞后是重要原因。体制机制落后的重要表现就是计划性仍然"浓厚"，市场化不足。要以改革为突破口，围绕体制机制创新，通过创新性政策激发活力，真正使市场在资源配置中起决定性作用，更好地发挥政府作用。老工业城市国有经济比重较大，加快国有企业改革，让老企业焕发新活力。改变强政府与弱市场、大政府与小社会的局面，克服政府本位观念，加快转变政府职能，大幅减少政府对资源的直接配置，政府把管理职能切实转到为市场主体服务和创造良好发展环境上来，强化事中事后监管，给市场发育创造条件，激发各类市场主体竞相迸发发展活力。

### 三、使创新成为第一动力，形成全面振兴发展的新动能

东北老工业城市过去经济发展主要是"三靠"：一是靠工业拉动，主要是偏重型工业拉动；二是靠投资拉动，是典型的投资密集型经济，需求结构矛盾突出；三是靠产能扩张，真正靠创新技术投入的还较少。促进老工业城市全面振兴，需要在新体制下走创新驱动的道路，坚持优化投资结构与激发内生活力

相结合，既注重提高投资质量和效益，又注重提升经济发展的高技术与高知识含量，使创新成为第一动力。支持上下游企业加强产业协同和技术合作攻关，增强产业链韧性，提升产业链水平，培育一批世界一流企业和"单项冠军"企业。以创新驱动发展带动供给侧结构性改革，让供给侧结构性改革为创新驱动发展战略的顺利实施保驾护航，推动产业体系实现从"效率提升"量变向"模式重构"质变的根本转变。

**四、把保障和改善民生作为根本落脚点，切实提高振兴发展的充分性**

振兴的目的是富民惠民，要把保障和改善民生作为根本出发点和落脚点，让最广大的人民群众享受到振兴的成果。以人民为中心，切实提高发展的充分性。必须从人民群众最关心、最直接、最现实的问题抓起，以解决就业、发展教育、社会保障、医药卫生和收入分配等问题，扎实推进各项重点民生工程，让广大人民群众从老工业城市全面振兴中得到实实在在的好处。

**五、将增强中心城市和城市群作为核心载体，加快构建高质量发展的动力系统**

我国老工业城市差异性较大，要针对不同的老工业城市制定更有针对性的政策，以提高区域政策的有效性。要通过"抓两头、促中间"的方法，甄别老工业城市中困难最集中的区域和在带动区域发展方面起着"领头羊"作用的区域，按需施策，使发展滞后的老工业城市能够得到更多的扶持和帮助，使发挥"领头羊"作用的老工业城市能够在创新引领方面发挥更大的作用。按照客观经济规律调整完善区域政策体系，根据各地区的条件，发挥各地区比较优势，促进各类要素合理流动和高效集聚，增强中心城市和城市群等经济发展优势区域的经济和人口承载能力，扩大中心城市规模，完善城市功能，带动经济总体效率提升，形成带动老工业城市高质量发展的动力源，加快构建高质量发展的动力系统。增强其他地区在保障粮食安全、生态安全、边疆安全等方面的功能，形成优势互补、高质量发展的区域经济布局。

**六、加强生态环境建设和绿色发展能力，切实提高全面振兴发展的可持续发展能力**

以产业转型带动城市更新改造。针对相对困难的老工业地区的棚户区、废弃产业用地、城市环境等城市空间和生态环境问题日益突出的状况，以老工业企业搬迁改造和棚户区改造为重点推进旧城建设步伐，创新土地开发利用模式，立足于完善城市功能，加快推进存量土地开发利用。深入开展工业废弃地、采矿沉陷区、露天矿坑、舍场环境治理，全面推进城区老工业区、独立工矿区搬迁改造，加大城区污染企业"关停并转迁"力度，鼓励有条件的城市开展工矿废弃地复垦和再利用，抓好废气、污水、噪声、垃圾等城市污染综合治理。加大节能减排和资源综合利用力度，促进资源再生利用，支持不同类型的循环经济试点，培育发展"城市矿产"示范基地。

推进绿色化改造。要把绿色发展作为相对困难的老工业地区产业转型升级的重要着力点，推进清洁生产、节能减排，提高资源能源综合利用水平，加强环境治理，提升绿色化发展水平，推进钢铁、有色、化工、建材等行业绿色化改造，促进低碳循环发展。推行园区循环化改造，促进园区企业间原料互供、资源共享、废物互为利用。推进工业园区开展集中供热、集中治污、中水回用、循环利用、分布式光伏发电、产业补链等循环化改造。

大力推进节能减排。推进企业建立能源管理体系，开展重点行业企业能效对标。推进重点企业能源管理中心建设和重点用能单位能耗在线监测系统建设，加强能耗预警预报，搭建节能数据库平台，实现数据共享。抓好节能评估，强化源头控制，严格固定资产投资项目节能评估审查，有效控制能源消费总量。围绕工业生产源头、过程和产品，严格对高耗能投资项目的节能评估审查，抓好节能技术改造，加强水泥、钢铁等重点用能行业能效对标管理，严格能效、物耗等准入门槛。

加强生态修复和环境污染治理。针对企业易地迁建或依法关停，应制定专项环境应急预案和相关污染处理处置方案，落实防治责任，防止发生二次污染和次生突发环境事件。有序推进城区老工业区环境污染综合治理和腾退土地重金属及有机物污染环境调查评估与治理修复。建立生态环境保护市场化机制，开展生态修复、环境污染第三方治理试点。

# 第五节　老工业城市全面振兴的战略重点

## 一、加快创新平台建设，促进科技成果转化

创新是建设现代化产业体系的战略支撑，创新驱动就是转变发展理念，以创新作为发展的新动能，促进发展方式集约化、产业结构高度化。

### （一）打造共性技术服务平台

依托国家级和省级重点实验室、国家级和省级工程技术研究中心，打造共性技术服务平台。以满足行业内企业的共性技术服务、创新设计、检验检测、降本增效、协同制造、人力资源等服务需求为方向，一是解决跨行业、跨领域的关键共性技术问题，二是解决国家重大技术装备制造资源分散、产业链不连续和创新平台不可持续等突出问题，三是解决关键核心技术"卡脖子"问题。例如，依托国家重载快捷铁路货车工程技术研究中心，引领铁路货车技术进步；支持华工机床建立洁净钢检测技术共性服务平台；支持建设国家大型铸锻件技术创新平台，开展从材料设计、工程试验到重大技术装备所需大型铸锻件

等，加快提升国家重大技术装备基础材料研发制造能力。

（二）完善科技成果产业化平台，加强科技成果转化

要发挥企业家精神和工匠精神，以企业为主体推进自主创新，培育创新领军企业和"专精特新"科技型中小企业，鼓励企业建立院士工作站、产业技术研究院等成果产业化平台；以产业联盟、高校联盟、院士工作站等产学研合作载体和平台，通过转让、并购、自主研发、技术合作、产权买断等方式加强科技成果转化、加快产学研深度融合，延长产业链条。实施科技成果转化专项行动，通过市校合作、校企合作、对口科技合作，引进科技成果转化落地；发挥国家级高新技术产业开发区、国家火炬产业基地等科技园区、产业基地作用，不断集聚科技创新资源，吸引科技成果转化和产业化。加强科技企业孵化器（众创空间）等创业服务平台。

**二、围绕产业基础高级化和产业链现代化，重构产业竞争优势**

突出以智能制造为引领，转变传统发展模式和路径，围绕产业链打造创新链，集中突破一批核心基础零部件、先进基础工艺、关键基础材料、产业技术基础，着力打好产业基础高级化、产业链现代化的攻坚战，构建现代化产业体系。

（一）实施产业基础再造工程，提升产业基础能力

重视提升基础研究能力。建立健全政产学研用相结合的产业技术创新体系，构建"基础研究+技术攻关+成果产业化+科技金融"的全过程科技创新生态链，加强核心零部件攻关，开发先进基础工艺及材料。支持核心关键基础材料、核心基础零部件、先进基础工艺、自动控制和感知、工业核心软硬件的首批次或跨领域应用，提升工业基础能力。

根据装备制造、轨道交通、汽车、医药健康等重点领域和行业发展需求，加快建设一批专业水平高、服务能力强、产业支撑力大的产业公共服务平台。

提升可靠性试验验证、计量检测、标准制修订、认证认可等服务能力，夯实产业技术基础。构建基于云计算、大数据、移动互联网等新兴技术平台和架构的产业公共服务平台，促进生产要素跨界和跨时空聚合共享。

加大传统产业"补短板"力度，大力实施传统优势产业改造升级。传统优势产业既是老工业城市的特色，也是产业转型升级的短板和压力点。要通过采取技术工艺和产品升级发展、品牌提升、渠道拓展等方法和模式，由制造环节向"微笑曲线"的两端延伸拓展，由粗放型向集约型、科技型、品牌化方向转型升级；要以智能制造、网络制造、绿色制造、服务型制造为路径，以新一轮技术改造提升为抓手，推动生产方式向数字化、精细化、柔性化、绿色化转变，提高产品功效、性能、适用性和可靠性；要加大淘汰落后产能和"僵尸企业"的力度，促进低端产能有效化解。

（二）提高产业链现代化水平

针对"巩固、增强、提升、畅通"八字方针，针对研发、设计、核心技术、软件、关键零部件、关键设备和模具、供应链管理、营销和品牌等关键薄弱环节，通过"强链、补链、延链"等措施，进一步提升产业链，加快推进优势产业和重点企业的链条向深度和广度延伸，促进工艺流程升级、产品升级、功能升级，实现价值链跨越提升。

支持上下游企业加强产业协同和技术合作攻关，增强产业链韧性，提升产业链水平，在开放合作中形成更强创新力、更高附加值的产业链。围绕市场需求和产业发展，加大智能制造，应用互联网技术，着力推进技术创新、产品创新、管理创新、经营创新，实现企业内部互联互通。以电商平台为核心，打通上下游产业链，实现企业与供应商、经销商、终端客户、金融机构、物流公司等外部主体间的互联互通，使产业链各方数据共享，实现商流、物流、资金流、信息流"四流合一"。

### （三）大力推动产业融合发展

产业融合突破了产业边界，催生了许多融合型新业态和新商业模式，已成为产业转型升级的重要方向。积极推进互联网、大数据、人工智能与第一、第二、第三产业深度融合，加快建设一批智能制造示范企业、智能生产线、数字化车间和智慧农业示范基地，发展一批现代金融、现代物流、商贸服务、文化创意、旅游休闲、健康养老等新业态。

加快促进制造业和服务业融合发展。引导制造业企业根据用户需求提供专业化、系统化、集成化的系统解决方案，推动企业增强咨询设计、检验检测、供应链管理、节能环保、专业维修、项目建设、业务流程再造和组织结构重构等关键环节的系统解决能力，完成"制造+服务"的"交钥匙"工程。例如，支持中国一重在冶金装备领域开展总集成总承包服务、支持齐齐哈尔第二机床厂在重型数控机床领域开展总集成总承包服务、重点支持齐重数控在重型数控机床领域开展远程运维服务。

推进文化与旅游融合。以融合发展拓展消费新空间，促进文化与旅游融合发展，大力发展文化体验旅游，积极推进文化旅游重大项目建设，全面提升文化旅游服务功能和综合实力。实施重大项目带动战略，突出文化旅游项目的主题设计，营造兴奋点、优选切入点、培育增长点，创新、开发体验性、参与性、引爆性的娱乐型大项目，打造核心引爆点和文化旅游核心吸引物。

### 三、增强中心城市和城市群承载力，拓展空间统筹范围

中心城市和城市群成为承载发展要素的主要空间形式。结合国家加快构建高质量发展动力系统和动力源的要求，依托城市群以及若干个中心城市，在更大空间范围内统筹谋划制造业竞争优势重构的思路。

### （一）做大做强中心城市，优化拓展产业转型升级空间

在东北地区，进一步做大沈阳、长春、哈尔滨、大连等"都市圈"，充分

发挥中心城市的辐射带动作用。突出中心城区产城融合，增强辐射带动力，充分发挥生态资源优势和产业优势，建设具有国际竞争力的高端装备和重大技术装备制造基地、现代高效生态农业发展区、绿色食品基地；深入实施哈长城市群、辽宁沿海经济带、长吉图战略等区域发展战略，充分整合要素资源。

（二）促进城市转型，补齐城市功能短板

科学有序地推进城区老工业区搬迁改造工作，促进工业遗产（址）保护或再利用，积极开展工业遗产、工业博物馆摸底调查工作，加强对工业遗产、工业博物馆等工业资源的保护和利用，创造新的效益、新的价值。

完善城市功能、优化城市空间布局。完善城市基础设施建设，打通"断头路"，拓宽"卡脖路"，织密市政路网"毛细血管"、升级改造"老旧"道路、打造城市景观路、着力完善城市交通系统及亮化、维修养护水平；加快推进生态修复工程、管网改造及重点配套工程、老旧小区综合改造工程等。

**四、以稳定就业为重点，着力保障和改善民生**

坚持以人民为中心，把民生工作与经济发展作为一个有机整体来考虑，一手抓经济发展和转型升级，一手抓民生改善，统筹推进社会和谐发展。围绕重点民生工程，持续加大民生投入，更加注重保障基本民生、更加关注低收入群众生活、更加重视社会大局稳定。进一步做好扶贫的后续发展工作，建立长效机制。注重把扶贫与扶志、扶智相结合，提高脱贫致富内生动力。继续加大财政投入力度，不断推进重点民生项目建设。积极实施社会保障工程，进一步做好稳定就业、提高社保待遇、救助优抚等工作。深入实施社会事业提升工程，提高教育、文化、卫生、体育等公共服务水平。

**五、深化国有企业和厂办大集体改革，化解历史性包袱**

支持企业分离办社会、厂办大集体改革和国有企业所有制改革，重点化解历史性包袱，解决历史遗留问题。

国家尽快实行养老保险全国统筹。东北地区每年人口大量流出，城市人口呈逐年下降趋势，缴费群体逐年缩小，导致养老金缺口越来越大。我国对老工业城市退休职工养老保险费给予倾斜，或实行全国统筹改革。在目前不能实现全国统筹的情况下，建议对东北老工业城市养老金缺口部分给予专项财政资金补贴。由于东北老工业城市产业工人比较多，人口结构偏老龄化，缴费的人少、享受的人多，这加剧了养老金的收支困难。财政收入远远不能解决养老金缺口，且养老金征缴收入与支出之间的差距越来越大。在实行全国统筹前，中央财政部门对东北老工业城市中养老金缺口部分给予了专项财政资金补贴，维护社会稳定。

# 第六节　对策建议

创造良好政策环境，重点从营商环境、投资、金融、土地和企业改革等方面支持相对困难老工业地区改革创新，形成推动转型发展的政策合力。

## 一、持续优化营商环境

突出环境打造，推进机制转变，建立政策落实服务体系，强化政策落实。以深化经济体制改革、供给侧结构性改革为重点，着力优化发展营商环境，加快释放市场主体活力。推进简政放权，深化行政审批制度改革，全面清理和精简行政审批事项，以"一网一门一次"改革为抓手，持续优化发展环境。建立健全权力清单、责任清单、负面清单"三单合一"的管理模式，进一步取消、下放省级行政审批事项，优化审批流程，规范办理程序，减少审批环节。

以"减"为目标，深入清理规范行政权力事项。全面推行"多规合一""多审合一""一表一窗联审""承诺制、零审批"投资审批制度。深化"多证合一""证照分离"等商事制度改革，加强事中事后监管。以为民服务事项为重点，深化行政审批和完善"一窗式"政务服务改革。优化信用环境，对企业实施守信联合激励和失信联合惩戒措施，引导鼓励企业诚信经营。

## 二、加大财政支持力度

加大中央和省级两级政府财政对相对困难老工业地区的支持力度。加大对相对困难老工业地区的一般性财政转移支付和专项转移支付力度，增强其转型发展能力和基本公共服务能力。加大专项建设基金对相对困难老工业地区的支持力度，积极支持产业园区建设、企业创新平台、企业实训中心、大学科技园、创业孵化中心，以及信息基础设施、公共检测、技术咨询等平台建设。大力争取国家、省级政府对相对困难老工业地区基础设施、社会公益类等项目的资金支持，带动提升"造血"能力，包括增强制造业核心竞争力、新兴产业发展、城区老工业区、独立工矿区改造搬迁，以及重大项目前期工作专项补助资金。鼓励利用特许经营、投资补助、政府购买服务等方式，加快推进基础设施建设，改善城市基础设施的薄弱环节。

## 三、继续深化国有企业改革

优化国有资本布局结构，创新监管机制，推动国有经济精准发力。坚持分类处置，因企施策，持续推动大型国企改革脱困、转型升级，探索国资国企改革新路径。立足于优化存量，引入市场机制，积极推动企业兼并重组，鼓励有条件的企业发挥产品、技术、资金、资源、区位等优势，通过参股、控股、资产收购等方式，跨地区、跨行业实施兼并重组，进一步提高产业集中度和市场竞争力，形成新的产业格局。

加快完善现代企业制度，按照政府引导、市场运作的原则，进一步完善国有企业法人治理结构，建立健全激励约束机制。强化对龙头企业的扶持，对于关系国计民生的国内装备、冶金等龙头企业，在融资、税费、市场等方面给予"一企一策"的扶持政策。

**四、激发民营经济活力**

全面贯彻落实促进民营经济发展的政策措施，完善民营经济发展服务机制，优化民营经济发展环境，激发民营经济活力和创造力，推进民企健康发展。争取国家创业投资基金，采用政府和社会资本合作（PPP）等模式，引导和凝聚民营资本参与老工业区搬迁改造项目建设。加强银企合作，完善中小微企业融资担保服务体系，切实解决民营企业融资困境。加大对中小微企业技术创新的支持力度，支持中小企业创业基地建设，完善中小微企业公共服务平台，鼓励大中型企业与本地中小微企业相互配套。

**五、针对东北地区人才流失和人才保障问题出台支持政策**

着力在优化人才发展环境上下功夫，用事业聚人、用发展聚人、用服务暖人，抓住用好人才、吸引人才、激励人才和培养人才这几个环节，给人才创造良好的环境和条件。加大人才引进力度，围绕相对困难老工业地区优先发展的接续产业、替代产业和重大项目择优择需选用人才，实施"名校优生"人才引进工程、高技能人才"工匠计划"，推进高端产业和高端人才融合互动。创新用人机制，积极稳妥实施员工持股，完善薪酬分配制度和人才培养机制，制定有效激励政策，完善对创新失败的容错机制，激发员工的创新积极性。

**六、在用地上给予优惠政策**

创新土地开发利用模式，采取自主开发建设、产业定向开发和土地开发上市相结合的方式，加快推进相对滞缓老工业城市存量土地开发利用。盘活存量土地，支持相对困难老工业地区采取自主开发建设和产业定向开发相结合的方式，加快推进土地开发再利用，通过收购、置换、储备土地，有效扩大主导产业的土地供应。支持开展城镇低效用地再开发试点，制定出台可操作、有特色的配套措施。鼓励开展工矿废弃地复垦和再利用，鼓励开展土地污染修复。推进城乡建设用地增减挂钩与农村土地整治，有序开展村庄迁并和存量用地挖潜改造。加强节约集约用地管理，实现单位土地面积平均投资强度、产出强度、税收贡献强度的大力提升。建设国家矿山公园试点，实施矿山土地治理整合利用。

# 第二章 推动资源型城市转型发展：
## 以黑龙江省为例

    资源型城市是以本地区矿产、森林等自然资源开采、加工为主导产业的城市，在我国区域协调发展中是不可忽略的重要组成部分，加快资源型城市的可持续发展是实现人的全面发展、维护社会和谐稳定，与全国其他地区同步基本实现社会主义现代化的必然要求。围绕保障国家能源资源安全、促进地区振兴发展两大目标，推动黑龙江资源型地区全面转型，增强经济、社会、生态可持续发展能力，实施转型发展重大工程，增强资源枯竭城市转型发展新动能，推进采煤沉陷区综合治理和独立工矿区改造提升，实现资源型地区高质量发展。

## 第一节 分类推进资源型城市转型思路

    黑龙江省资源型城市主要包括煤炭类、森工类和油气类三种类型。煤炭类资源型城市以鸡西、鹤岗、双鸭山、七台河为主，森工类资源型城市主要包括伊春、大兴安岭以及黑河市的爱辉区、五大连池和逊克县等，油气类城市主要有大庆。黑龙江省三类资源型城市在全省 13 个地级行政单元中的占比超过60%，因此资源型地区的转型发展成为全省振兴和高质量发展的关键。"十四五"时期，资源型地区转型要以油气类城市为引领，积极发展高技术类新兴产业，使油气类资源成为资源型城市高新技术发展的牵引；以煤炭类城市为重点，大力探索新的产业发展方向，逐步摆脱对煤炭资源的依赖，使煤炭资源成为全省乃至东北地区振兴发展的支撑；以森工类城市为基础，发挥好林下资源等特色优势，不断加强民生保重，结合边境地区发展等，着力做好兴边富民、稳边固疆。

# 第二节　煤炭类资源型城市

煤炭类资源型城市要发挥工业基础和产业工人优势，在稳定煤炭等传统产业的基础上，大力推进煤炭的清洁化利用，以绿色发展、创新发展为导向，跳出路径依赖的"陷阱"，积极探索新的增长点，逐步培育现代产业集群，加强与周边城市产业协作、抱团发展，努力成为地区振兴的主力军。

## 一、转变资源依赖发展方式，积极推动产业链条延伸

认清"一煤独大"这一经济发展的主要症结，紧抓提高非煤产业这一经济转型的"牛鼻子"，从稳步控制原煤产量和积极延伸产业链条两个方向同时发力，促进工业经济优化调整。一方面，要逐步控制原煤产量，稳步降低煤炭采掘业在工业经济中的比重，着力通过"煤头电尾""煤头化尾"提升煤炭转化和清洁利用能力；另一方面，要大力拓展碳基材料、煤机装备、节能环保设

备等煤炭周边产业，依托已有的工业基础，与周边的牡丹江、佳木斯等城市加强合作，积极引进和培育新材料、机械装备、节能环保等新兴产业，积极打造国家智能制造示范基地，逐步培育现代制造业生产网络，提高非煤产业在经济中的比重，逐步减少地方经济发展对煤炭工业的依赖。

**专栏1　现代煤化工**

煤化工按其产品种类可分为传统煤化工和现代煤化工。所谓现代煤化工，即近年来发展起来的以替代能源和石油化工产品为主的新型煤化工技术及产品生产，如煤制油、烯烃、二甲醚、天然气、乙二醇等以煤基替代能源为导向的产业。传统煤化工通常指煤制焦炭、电石、甲醇等历史悠久，技术成熟的产业。

替代传统石油化工的现代煤化工的经济性主要受到原油价格的影响。同时，同种产品不同项目的工艺装置、原材料、内部管理、运输条件、终端销售环境等方面不同，成本差异性较大。总体来看，随着油价的提高，煤基化工产品（乙二醇、烯烃）的经济竞争力会优于煤基能源产品（油品、二甲醚），即煤基化工产品的盈利能力比煤基能源产品的盈利能力更强。

具体而言，从成本角度考虑，当油价低于50美元/桶时，现代煤化工的经济竞争力都不理想；当油价位于60~70美元/桶时，现代煤化工初具经济竞争力，顺序是"煤制烯烃≈煤制乙二醇>煤制二甲醚>煤制油"；当油价高于70美元/桶时，现代煤化工经济竞争力进一步提升，煤制乙二醇效益最好，其次是煤制烯烃，而煤制油和煤制二甲醚基本相当。

## 二、激发创新驱动内生动力，大力培育特色新兴产业

聚焦石墨烯、石墨材料、生物技术、节能环保、机械装备的重点产业领

域，加强与哈尔滨工业大学等知名高校和科研院所合作，打造以省级重点实验室和工程技术中心为核心的产业创新技术研究院等，加大产业发展关键共性技术研发力度，促进相关重大科技成果转化与产业化，形成以企业需求为核心的产业创新平台，培育壮大新的增长点。积极打造产业园区和产业集聚区，一方面，促进地下矿山企业向地上制造企业转变，积极培育本地制造业；另一方面，以能源优势创造低成本的发展环境，承接面向俄罗斯远东和欧洲等市场的生产企业，促进企业集聚发展，逐步形成现代化的生产网络和产业集群，同时以园区为基础，搭建一些创新创业平台，积极探索新的产业发展方向，促进新旧动能转换和产业高质量发展。

## 专栏2　以产业园区和产业集聚区引领发展转型

1. 焦作以产业集聚区的打造推动产业升级和工业转型

产业集聚区是焦作实现产业转型、经济转型的核心。全市拥有省级产业集聚区8个，规划面积208.1平方千米，建成区面积121.8平方千米，全部进入星级行列。2016年，完成固定资产投资1658.5亿元，增长28.1%；规模以上工业主营业务收入4176.4亿元，增长20.2%；入驻规模以上工业企业641家，同比增加70家。2016年，市城乡一体化示范区完成固定资产投资163亿元，一般公共预算收入10.2亿元，成功创建国家级高新技术开发区、国家级新型工业化产业示范基地、国家科技服务业区域试点等一批"国字号"牌子，已成为全市经济发展新的重要增长极。孟州市产业集聚区已进入河南省"十强"，温县、武陟县产业集聚区已进入河南省"十快"。沁阳市产业集聚区、焦作经济技术产业集聚区等5个产业集聚区在历年评比中12次获得河南省"十强""十快""十先进"产业集聚区称号。产业集聚区为焦作培养了一批引领产业发展的龙头企业，其中，龙蟒佰利联已成长为亚洲第一、全球第三的钛白粉生产企业；多氟多成为全球最大的无机氟化工企业和增长速度最快的锂电池生产企业；风神轮胎已跻身世界轮胎生产企业20强和中国最大工程机械轮胎生产企业；中原内配成为全球最大的发动机汽缸套制造商、全球领先的动力活塞组件系统供应商；中轴集团生产的凸轮轴产销量位列全国第一。

2. 淄川区以园区作为产业创新发展的重要载体

淄川区把园区建设作为优化生产力布局、培育优势特色产业、提升区域核心竞争力的重要载体，进行顶层设计，规划以淄川经济开发区作为主体，以昆仑高端机械装备制造基地和罗村、双杨建陶示范园为"两翼"的"一体两翼"发展格局，推动新能源、新医药、新材料、新装备等战略性新兴产业向园区集约集聚，形成汽车及零部件、新装备、新医药、新能源、新材料、新电商、现代物流等12条产业链。2018年，在山东省136家省级开发区综合评价中淄川经济开发区位列第5，相关负责人受邀在全国绿色创新发展论坛作典型发言，淄川经济开发区作为首批体制机制创新试点"最佳案例"在山东省推广，入选首批省级专家服务基地，被评为中国十佳最具投资营商价值园区。

### 三、加强绿色矿山建设和采煤沉陷区治理，形成绿色高效资源开发模式

积极推进绿色矿山建设，打造煤炭绿色开发利用基地，结合煤炭无人（少人）智能开采、井下充填开采，开展井下矸石智能分选试点示范工程建设，开展煤矿矸石充填开采、保水开采、煤与瓦斯共采等绿色开采技术试点示范，实现未达标处置存量矸石回填矿井、新建矿井不可利用矸石全部返井。加强采煤沉陷区等矿山生态环境治理，大力改善城市发展环境，充分发挥区域整体生态环境优势，通过对城市内部矿区生态环境的修复治理，将城市融入周边

良好的生态环境，改变城市形象，以良好的环境吸引文化旅游、文化创意、电商直播等绿色化的新产业、新经济，促使沉陷区等"发展包袱"变为转型发展的财富，形成绿色发展新路径。

**四、深化改革扩大开放，增强发展活力**

一方面，以"一带一路"倡议和中蒙俄经济走廊建设为契机，努力扩大对外开放，利用好远东地区矿产、林业、渔业等资源优势和我国生产制造能力及消费市场优势，吸引出口加工型产业落地，盘活产业资产，成为东北亚经贸合作枢纽的重要支撑。另一方面，以改革为牵引，着力加大对内开放力度，积极推进国有企业混合所有制改革，聚合产业资源，盘活存量资产，增强国有企业发展活力，不断增强国有经济的活力、影响力、控制力、抗风险能力；营造公平竞争的市场环境，积极破解民营企业融资难等现实问题，打破行业垄断和市场壁垒，以招商引资和搭建平台促进民营经济发展，补齐民营经济发展短板。

---

**专栏3　采煤沉陷区修复治理推动城市绿色转型**

徐州市贾汪区、淮北市和济宁市等通过将城市内部或周边区域采煤沉陷区改造成为城市公园等方式，不仅改善了城市环境、扭转了城市形象、提升了周边土地价值，而且成为吸引科技创新、电子商务、文化创意等新经济的重要载体。

徐州市贾汪区潘安湖采煤沉陷区改造。贾汪区在全区塌陷地治理上先后累计投入资金6亿元，治理总面积达6万余亩。面对潘安湖综合整治的繁重任务，贾汪区以省、市、区三级投入3.5亿元资金为引导，撬动运作社会化资本20余亿元，形成7000多亩开阔水面，在采煤塌陷地上建起了国家

---

AAAA 级景区——潘安湖湿地公园，再造了一道生态景观、重构了一个生态系统、打造了一张生态名片。潘安湖区域经过生态治理和景观再造，成为国家 AAAA 级景区、国家湿地公园、国家生态旅游示范区，被誉为全国采煤塌陷地治理的典范和标杆。沉陷区的改造，成功地把好山好水好风光融入城市，实现城区、景区一体化发展，同时成为城市创新发展的重要载体。贾汪区依托潘安湖湿地景观环境优势，成功吸引徐州市区域科教创新中心的入驻，与徐州师范大学等高校展开合作，正在逐步打造潘安湖科教创新区。

### 五、加快补齐短板，着力保障改善民生

以棚户区及老旧城区改造和居民增收为着力点，努力补齐民生保障短板。在积极申请中央和省级政府城市更新改造、棚户区改造、独立工矿区改造等补助资金的同时，充分利用土地等要素市场化配置的政策，探索通过市场机制推动城市更新改造的新机制，逐步补齐城市基础设施的短板，为居民提供良好的人居环境，增强城市对人才的吸引力和对人口的集聚能力。我国通过发展新产业、引入新企业和支持创新创业等多种途径，有效解决了城市下岗职工的再就业问题，以产业发展带动就业的增长和居民收入水平的提升，努力实现煤炭类城市城乡居民收入增速高于全省平均水平 2 个百分点以上的目标。

# 第三节　油气类资源型城市

大庆作为唯一的油气类资源型城市，要在稳定石化产业的基础上，全力扩大汽车、大数据等产业规模，积极构建多元化的产业体系，并努力向智能制造

等高端化方向发展，成为引领资源型地区科技创新的尖兵和创新发展龙头，打造全国资源型城市转型发展先导示范区和转型创新试验区。

**一、提高资源利用效率，全力建设"百年油田"**

全力稳住石油产量是建设"百年油田"的核心，也是"油头化尾"的基础，重点从提高本地油田采收率、开发本地及周边区域非常规油气资源和利用俄油等外来油气资源三个方面入手，破解油气资源不断减少的难题，保障油气产量，为社会经济转型提供支撑。充分发挥油气开采人才和技术优势，努力提高三次采油等技术水平，进一步提高油田采收率，提高本地石油、天然气产量；利用产能优势和技术优势，积极开发大庆及牡丹江、大兴安岭等周边区域油页岩、油砂矿、煤层气等非常规油气资源，补充不断减少的本地油气资源；利用中俄原油管道一线、二线工程的 3000 万吨原油供给，不断巩固大庆作为俄罗斯油气资源供给地、集散地的战略地位，强化在我国石油工业中的重要作用。

**二、突破原料供应短板，突出抓好"油头化尾"**

重点做好多元化"油头"和精细化"化尾"，延长石化产业链条，提高油气资源就地转化率，全力推动大庆由石油供应基地向国家级石化产业基地转变。在通过争取庆油留一块、谋划煤头增一块、俄油俄气补一块、优化工艺调一块、海上运输换一块，打通多元化"油头"路径，为石油化工产业提供原材料支撑的同时，重点是强化油气工业"化尾"的精细化、高端化发展。一方面，以本地原油为基础，重点围绕 C1～C5 产业链，积极培育化工新材料产业、精细化学品产业两个百万吨级和特色橡塑产业一个 500 万吨级的产业集群；另一方面，力争 500 万吨俄油加工指标落地，并针对俄油含硫高、防腐要求高等特点，开发新的石油炼化生产技术工艺，并充分利用好俄油石脑油组分多、适合重整原料等优点，增加重整产量。以"油头化尾"为支撑，打造全国资源型城市转型升级先导示范区。

### 三、突破结构偏重矛盾，大力发展新兴产业

在稳住油气产业、延伸化工产业的基础上，大力发展汽车、大数据、智能制造等新兴产业，推动产业体系多元化、产业结构均衡化、产业集群高端化。以整车制造为牵引，不断完善轮毂、座椅等配套产业，构建完善的汽车生产制造体系；同时面向未来，大力支持向新能源汽车、智能汽车等新兴领域发展，并逐步发展汽车金融等汽车周边产业，逐步打造世界知名的汽车研发、生产和配套服务中心。在华为云数据中心等龙头项目的带动下，不断完善以5G、人工智能、工业互联网、物联网为代表的新型基础设施，逐步培育大数据、云计算人才队伍，支撑电商平台、网络直播、自动驾驶、智能工厂等新经济发展；大力推动传统制造业与大数据等新一代新兴产业的深度融合，大力发展新型制造业，提升汽车、石化等制造业的信息化水平，提高生产效率的同时，扩张数据中心在本地区的应用领域，支撑大数据产业发展，打造东北地区领先的智能制造基地，成为全国资源型城市信息化和工业化融合发展示范区，引领黑龙江资源型地区产业集群向高端化迈进。

## 第四节　森工类资源型城市

黑龙江省伊春市主要以供给侧结构性改革为主线，以打造"两座金山银山"为抓手，扎实推进生态文明建设，持续深化改革开放，努力走出一条林区转型发展新路线，让林区人民生活更加美好，为黑龙江全面振兴发展作出新的贡献。

### 一、探索可持续的林业资源开发模式

一方面，积极争取中央政府支持，加大林区森林资源保护与培育的财政支持，提高天然林资源保护工程的补助标准和森林生态效益补偿标准，率先实行造林补助制度和森林抚育补助制度。另一方面，运用市场化手段，国有林场负责森林资源培育与保护，实行收支两条线管理，森林资源采伐实行招投标制度，并落实经营主体地位，无论是林农、林场职工还是企业，都应该有市场赋予的物权，努力实现生态保护与产业发展双赢。

### 二、推进林区加快培育绿色新兴产业

优先扶持林区绿色产业发展，加大并集中投资森林生态旅游开发、森林绿色食品、药品开发、木材节约与保护技术研发等具有生态环境友好性的产业发展，并以特色小镇、特色园区等平台为载体，推动企业集中集聚发展。积极利用网络直播等互联网产业，发挥东北地区直播人才的优势，加强与淘宝直播等平台的合作，加大对绿色食品、森林旅游等的宣传力度，逐步建立特色品牌，支撑产业转型。同时，不断强化市场经济在产业转型中的决定性作用，支持民营经济大力开发林下资源，积极探索适合于本地的产业发展方向。

### 三、推动重点国有林区改革

以森林资源保护与利用相统一、生态与产业相协调、兴林与富民相融合为目标，以发挥市场在资源配置中的决定性作用为核心，进一步推动企事分离，事业由政府管理，企业按照国有现代企业管理，进一步强化资源行政管理与企业分离，行政管理划入政府管理，企业不能参与资源的行政管理，厘清政府与企业关系，积极争取国家政策，深化国有企业改革，强化社会管理和公共服务

职能，推动经济可持续发展。

### 四、提高基础设施保障能力

一方面，重视黑龙江森工城市距离哈尔滨等中心城市相对较远、交通可达性不高的问题，抓住国家边境地区建设的契机，推动森工城市对外交通通道建设，加强与中心城市和周边城市的联系，支撑城市社会经济转型。另一方面，着力解决林区历史遗留问题多、基础设施严重落后的问题，在棚户区改造的基础上，进一步加大基础设施投资力度，快速改变林区落后的局面。

### 五、着力改善和保障民生

经济发展和居民收入水平较低是资源枯竭类城市普遍存在的问题，森工类城市尤为突出，需要积极寻找新的产业发展方向，以产业的发展带动居民收入的增长，努力提高居民福祉。同时，积极完善林区社会保障制度，由于历史及体制等原因，林区社会保障问题边缘化，需要借助天然林保护工程对林区就业、卫生、养老、住房、教育等进行系统规划并加以落实。

# 第五节 推动资源型城市高质量发展

### 一、统筹城矿协同发展，促进资源型城市转型

统筹地下资源开发与地上城镇建设，合理安排资源开发时序和城镇空间布局，避免资源开发对城镇未来建设和发展造成严重影响。积极推动城市周边矿区更新和城市内部老工业区改造，完善矿区基本公共服务，提高城镇公

共服务供给能力和居民生活保障水平，结合矿区环境综合整治，提升城市人居环境品质和生态环境质量，增加工业等建设用地供给，促进资源型城市转型。

## 二、打造现代产业园区，促进产业集聚发展

以现代产业园区为载体，大力培育非资源型接续替代产业集群，发挥集群效应，提高接续替代产业竞争力。同时，以园区为重点积极构建循环经济体系，推动传统高耗能、高污染企业向园区集中，通过园区统一技术和生产流程的改造，大幅降低单位能耗，减少污染物排放，并加强建材、陶瓷等与煤矿、煤电、煤化工产业对接，促进大宗固体废弃物的循环利用，努力形成闭合循环的发展模式。

## 三、扩大对内对外开放，推进区域间产业合作

加强省内区域协作，发挥哈尔滨作为中心城市的技术研发等优势，支撑资源型城市创新发展，鼓励东部煤炭类城市"抱团取暖"，共同打造新材料、先进装备等产业基地，推动北部、西部森工类城市共同创建绿色发展新名片。深入落实与广东省对口合作工作方案，支持建立飞地型产业园区等，加强对广东等东部地区产业转移的承接能力，努力融入广东等东部地区产业体系。以"一带一路"倡议和中蒙俄经济走廊建设为契机，努力扩大对外开放，利用好远东地区矿产、林业、渔业等资源优势和我国生产制造能力及消费市场优势，借鉴广东发展对外贸易和民营经济的经验，优化营商环境，补齐民营经济发展短板，吸引出口加工型产业落地，盘活产业资产，深化对内对外开放合作，支撑东北亚经贸合作枢纽建设。

# 第六节　实施资源型地区转型重大工程

以产业平台为抓手，打造以国家和省级产业园区、特色工业园，以及产业集聚区为重点的产业发展平台体系，促进特色产业集群和新兴产业集群发展，逐步形成多元化现代产业体系。根据城市资源类型、区位条件、产业基础等，积极探索绿色食品、旅游文化、先进制造、对外贸易等特色化发展路径，形成一城一特色的转型发展模式。发挥黑龙江生态环境整体优势，大力推动资源枯竭城市生态环境整治，以良好的生态环境和高品质人居环境，集聚和吸引人才资源，促进新兴产业发展。

## 一、聚力创新重大工程

资源型城市经济主要依赖矿产资源开发，依矿而建的企业在空间上过于分散，不利于形成现代化集聚型产业空间组织和发展模式，也使中心城区对人口等发展要素集聚能力较弱。未来，黑龙江资源型城市产业转型在稳定矿业经济的基础上，应大力发展产业集聚区、开发区及特色小镇等产业平台，以产业平台为抓手，实施聚力创新重大工程，抓住"一带一路"倡议和中蒙俄经济走廊建设等对外开放机遇，积极承接东南部和东北亚地区产业转移，积极培育和集聚非矿业经济，支持民营经济和小微企业发展，逐步构建现代产业集群，提升资源型地区创新发展能力，促进资源型地区转向更为均衡化、多元化、绿色化的具有竞争优势的产业体系，以产业转型带动社会经济全方位转型发展。

## 二、生态整治重大工程

针对煤炭类、油气类、森工类城市资源开发造成的地表塌陷、土壤盐碱化、水体污染以及生态恢复保障资金不足等问题，分类施策，推进资源型地区生态整治重大工程。煤炭类城市大力开展采煤沉陷区综合治理工程，在注重地表植被等生态修复的同时，积极推动沉陷区治理土地向城市绿地、园区用地、物流用地等转变，提高沉陷区土地再利用水平，保障综合治理的可持续性。努力提高七台河、鸡西、鹤岗等煤炭类资源型城市城镇周边采煤沉陷区利用效率，在对采煤沉陷区进行环境治理的基础上，通过完善道路等基础设施建设产业园区、物流园区，或通过打造景观环境建设城镇公园等方式，以沉陷区土地综合利用牵引沉陷区环境综合治理。对于远离城镇的重点采煤沉陷区，利用降水等气候条件，以生态环境修复为主要手段，推动沉陷区综合治理；油气类城市重点开展土壤修复治理工程，加大盐碱化土地治理技术研发投入，率先制定油田污染土地治理标准，积极恢复草地植被等，同时逐步开展油田水污染治理工程，减少油气开采对水体的污染；森工类重点推进生态保护可持续发展能力建设工程，探索林区生态保护与经济发展协调共生的发展路径，提高生态建设资金的自我支持和保障能力。通过煤炭类城市采煤沉陷区综合治理工程、油气类城市土壤修复治理工程和森工类城市生态保护可持续发展能力建设工程，提高社会、经济、生态综合可持续发展水平，支撑资源型地区生态治理重大工程的实施。

## 三、城市更新重大工程

针对资源型地区普遍存在的城市建设欠账多、基础设施薄弱等问题，依托独立工矿区改造提升等中央政府资金支持，有效利用要素市场化改革等国家政策，撬动社会资本，在资源型地区积极开展城市更新重大工程，结合生态整治工程，大幅提高资源型城市城乡建设水平，打造特色化的城市风貌，转变工矿城市形象，补齐基础设施短板。全面梳理独立工矿区资源储量、发展条件等，加大独立工矿区整合力度，重点发展人口较多、产业基础和区位条件较好的独立工矿区，完善矿区基础设施，提升公共服务供给水平。推动资源枯竭、发展条件相对较差且对保障边境安全意义较小的独立工矿区搬迁，促进与周边城镇整合，改善矿区居民生产生活环境，提高民生保障能力。提高城市对外来人口、新兴产业等的吸引力和集聚能力，支撑资源型地区转型发展。

### 四、民生保障重大工程

在扶贫攻坚、棚户区改造、城乡居民基本医疗和基本养老保险等政策的支持下，资源型地区在减贫、住房条件以及基本社会保障方面取得了较大进展，但是与非资源型地区以及与其他省份的资源型地区相比，黑龙江省资源型城市城乡居民收入偏低的问题较为突出。未来将针对资源型地区城乡居民收入偏低、增速较缓的问题，以城乡居民增收为核心目标，积极争取国家试点支持，开展民生保障重大工程。通过激发城镇下岗职工、新型职业农民、护林工人、技能型人才、小微创业者、科研人员等重点群体活力，带动城乡居民增收。

### 五、可持续发展示范工程

以煤炭类和森工类资源型城市为重点，以可持续发展示范工程为抓手，探索能够促进地区产业发展转型、对全省乃至整个东北地区具有可借鉴意义的转型发展举措，积极创建资源型地区可持续发展示范区；以油气类城市为重点，围绕石化产业开展可持续发展示范工程，在深入推进"油头化尾"，积极发展精细化工产业的基础上，积极与华为云数据中心等合作，提高物联网等新一代信息技术在石化产业中的应用水平，创建资源富集地区转型创新试验区。

# 第七节　对政策或长效机制的建议

## 一、着力打造产业园区和集聚区，引领城市转型发展

对于重要的开发区、产业园区和产业集聚区等实施"特区特管"，通过特殊的管理方式提高吸引力与竞争力。设置专门的管理委员会管理园区，赋予园区较高的行政级别，授予园区在行政管理方面更多的自主权，简化管理层级，避免园区与地方政府在管理中产生冲突矛盾。聘请园区主要产业领域的专业人士担任园区行政管理职务，理顺行政管理与经济生产间的关系，减小烦琐行政手续对园区经济产出效率的影响。

## 二、不断优化营商环境，切实降低企业成本

以降低成本作为优化营商环境的主要目标，完善体制机制、转变政府职能、落实简政放权，努力降低企业发展的显性成本和隐性成本。积极推进电力体制改革，打破能源系统相对垄断格局，努力降低企业用电、用气、供热等成本。推进服务型政府建设，加强跨部门组织协调，优化政府办事流程，通过"一窗受理、限时办理"、"最多只跑一次"、政务服务"好差评"等措施，减少企业因多头领导和管制带来的成本和损失，不断改进政府工作效率。努力提升政府透明度，提高规章制度和法律法规等的透明度，减少政府与企业之间的信息不对称。推广和完善负面清单管理模式，针对投资准入、产业发展、排放标准等建立负面清单并进行动态优化，对各类所有制企业进行统一监管，做到对违法失信者"利剑高悬"，对诚信守法者"无事不扰"。鼓励企业充分发挥

行会、协会等企业横向联系平台的作用，促进企业和政府间的沟通互动。推动全社会厚植创新文化，营造开放包容、宽容失败、善待企业家等良好氛围，激发创新创业活力。

### 三、创新产业用地政策，保障重大项目落地

强化土地利用总体规划统筹管控，科学布局现代产业用地，并予以新增建设用地指标倾斜。采取差别化用地政策支持现代产业发展，开通绿色用地报批通道，加快现代产业用地报批速度，提高用地审批效率。对符合规划、不改变用途的工业用地，提高土地利用率和增加容积率的，不再增收土地价款。引导现代产业聚集发展，有效保障中小企业发展空间，引导土地用途兼容复合利用，推动功能混合和产城融合。继续用好按用途和土地权利类型使用土地的过渡期政策，鼓励盘活利用现有用地，促进现代制造业迈向中高端，支持生产性、科技及高技术现代服务业发展，鼓励建设创新创业平台，支持"互联网+"行动计划实施，促进科研院所企业化转制改革。以园中园等模式积极发展中小企业集聚区，通过租金减免等扶持政策，鼓励中小微企业入区入园、抱团发展，盘活园区闲散土地，提高土地利用率。

### 四、重视人才队伍建设，引进培育产业发展急需的管理和技术人才

突出"高精尖缺"导向，完善"猎头机制"，通过柔性引才、特聘岗位等方式，大力引进重点领域和新兴产业的国内外高层次管理、技术、营销人才，提高国有企业经营管理人才市场化选聘比例。持续推进本土人才培育计划，重点支持产业发展紧缺的创新人才，形成与产业发展高度契合的学科群。借鉴德国"双元制"职业教育模式，发挥职业院校和企业"双主体"作用，开展现代学徒制试点，重视应用型和技能型人才培养。完善科研院所、技工院校与企业间人才双向交流、联合聘用制度，注重从具有企业任职经历的科研人员中选

聘高等院校工程类教师，完善科研人员在企业与事业单位间流动时社保转移接续政策；逐步下放职称评定权，构建高层次人才市场化薪酬激励体系，探索灵活多样的激励办法，实现一流人才一流报酬，促进人才自由流动和人才资源有效配置，形成尊重知识、尊重人才的良好社会氛围，保障产业创新发展。

**五、加大财政和金融支持，积极发展产业基金**

在设立政府产业基金的同时，鼓励和支持各类社会投资主体参与或主导设立产业发展基金，聚焦产业发展的重点领域方向，利用好开发性金融，吸引更多社会资金支持现代产业发展，加大对实体经济的支持力度，提高小微企业贷款覆盖面，加强普惠金融服务，解决企业融资难等问题。

# 第三章　增强东北地区区域创新能力的战略思考

东北地区虽然拥有较为深厚的创新基础，但目前面临人才大量流失、研发投入不足、企业创新引领作用不强等问题，严重制约了东北地区创新能力的提高，创新资源优势尚未转化为科技竞争优势和经济优势。在新形势下，东北地区应在人才、企业主体、协同创新、市场对接和体制机制等方面创新发展，努力提高创新能力和加快科技成果转化。

区域创新能力是区域经济持续发展的动力和源泉。增强东北地区区域创新能力是加快东北经济转型升级的重要动力。

## 第一节　东北创新面临的困境

东北地区是我国传统制造业、能源原材料和农业优势地区，拥有较为深厚的创新基础。但由于长期受计划经济体制的束缚，加上近年来受国内外经济大环境的影响，长期积累的各种深层次矛盾进一步显现，致使创新环境建设滞后，科技成果转化不顺畅，严重制约了东北地区创新能力的提高。

**一、科技创新资源较为丰富，但尚未得到有效整合**

东北三省拥有良好的科教资源，高校云集，科研机构林立，科技资源存量在全国具有明显优势。截至 2024 年，辽宁省拥有高等学校 132 所，黑龙江省 94 所，吉林省 81 所。东北三省的每百万人发明专利授权数、每十万人发表论文数、企业 R&D 经费等指标在全国处于中等偏上水平。东北三省在汽车、造船、数控机床、军工、新材料等重点领域积累了一批世界水平和国内先进水平的科研成果。但是，创新资源未得到有效整合。科技资源由于存在条块分割、区域分割、所有制分割等问题，其使用成效不高、滞存现象严重，技术资源没有有效集成。东北三省各省份之间科技资源仍处于分散状态，区域内缺乏综合协调机构和机制，科技资源尚未转化为整体创新优势，尚未形成开放互动、优势互补、高效运行的区域科技创新体系。

**二、企业创新发展能力明显提升，但尚未成为创新主体**

东北地区的企业研发经费、研发人员和发明专利授权量逐年增长，涌现出一批具有国际竞争力的创新型企业，企业原始创新能力显著增强。但是，整体来看，企业尚未成为创新主体。除了少数大企业，东北地区绝大多数企业自主创新能力比较薄弱，缺少拥有自主知识产权的核心技术，企业技术研发投入少，技术创新链不健全。此外，军工企业技术扩散动力不足。东北地区汇集了大批航天、核工业、电子等重要领域的军工企业，但军工企业带有浓厚的计划布局和战备经济特征，与地方产业关联不多，且军工企业多属央企全资或控股子公司，与地方合作缺乏动力，未能充分发挥对地方产业技术进步的引领带动作用。

### 三、拥有创新人才资源优势，但近年来人才流失严重

东北地区拥有庞大的高学历人才和技术工人，为东北地区产业发展提供了丰富的人力资源，也是区域创新能力的源泉。但是，近年来人才大量外流。由于人才发展的环境不够宽松，人才的聚集、培养和使用机制不够灵活，缺乏激励性政策和市场环境等原因，大量技术、管理人才外流到广东、福建、浙江等东部沿海地区，"孔雀东南飞"的现象严重。

### 四、创新环境不断改善，但体制机制制约仍然较大

东北地区针对技术创新制定了地方性政策法规，采取税收、金融、准入条件等措施，不断优化创新环境；民营企业准入领域不断放宽；推出了促进中小企业创新发展的一系列政策措施，不断完善中小企业创新服务体系；建立了各类企业公共技术服务联盟；不断深化教育科研改革。但是，目前的体制机制对创新的制约仍然较大，特别是产学研合作机制运行不畅。由于国有企业改革进程缓慢、民营经济比较薄弱、科技法规不健全等因素，科研资金的投入渠道仍以政府和科研单位为主，以企业为主投资科研的市场机制还未形成，企业还远不是科技创新活动的主体。此外，科技资源的条块分割、流动不畅，资本市场、风险投资资金、专业投资机构、专业咨询机构等明显缺乏，致使东北地区的产学研合作机制运行不畅，大量专利流失到东南沿海地区转化落地，严重制约了东北地区科研成果向现实生产力的转化水平和速度。

# 第二节 发展思路

## 一、坚持以人才建设为核心，把留住人才放在优先地位

要把人才作为创新的第一资源，着力加强创新团队和创新人才队伍建设。针对东北地区人才流失的现象，要将人才放在优先地位。探索激发创新者动力和活力的有效举措，进一步用好利益分配杠杆，充分体现智力劳动价值的分配机制，让创新人才获利，让创新企业家获利，完善知识产权归属和利益分享机制。通过待遇、职称、荣誉奖励等激励措施，使各行业人才能够获得与贡献相匹配的收益。

## 二、坚持市场主导，加快推动科技成果向现实生产力转化

东北地区的高技术产业产值与创新资源不相匹配，这主要是因为缺乏资源与应用互动的有效机制。要坚持市场主导，围绕现代产业发展的需求，打通科技成果向现实生产力有效转化通道。东北地区区域创新能力建设，要通过市场化运作、充分发挥市场资源配置基础性作用，达到效益最大化和可持续发展效果。紧扣经济社会发展的重大需求，破除科研人员的创新障碍，努力缩短科技成果从实验室到市场的距离，千方百计缩短技术供需双方的距离，加快推动科技成果向现实生产力转化。

## 三、坚持重点突破，着力发挥区域比较优势

东北地区有较好的技术创新基础、较丰富的技术创新资源，区域创新能力

设施建设应充分考虑现有基础和优势，避免重复建设和资源的浪费。东北地区是我国重要的工业基地和粮食基地，选择在全国有特色的重型机械、电力设备、轨道交通、海工装备、汽车、船舶、基础件、石化工业、冶金工业、新材料工业、医药工业、粮食安全、种业发展等领域建设技术创新能力设施。这些领域的技术创新能力设施建设应紧紧围绕当前经济建设和创新需要，有限目标，尽快见效。依托"互联网+"、云计算、大数据等，推动"互联网+现代农业"，利用互联网改造升级种养模式、农业经营模式、农业信息监测预警管理，发展"互联网+制造业"，加快发展智能制造装备和产品，支持有潜力的新兴产业和新业态大发展，形成发展新动力。

### 四、坚持开放合作，着力实现协同创新

打破地区分割，加强区域合作，优势互补，资源共享，充分发挥设施的效用，形成东北地区的整体优势。整合创新资源、共建共享一批创新服务平台和技术创新战略联盟，打造一批从基础研究、技术开发、工程化研究到产业化的全链条、贯通式创新平台，加强产业核心技术和关键共性技术研发，突破产业发展技术瓶颈。东北地区的区域创新能力建设必须融入全国、东北亚和国际经济大循环，与国际市场接轨。依托国家自主创新示范区、国家级新区、自由贸易试验区、战略性新兴产业集聚区等创业创新资源密集区域，打造若干具有全国影响力的创业创新集聚区，同时广泛吸引域外资金和智力参加，促进各要素的有机集成。

### 五、坚持体制机制创新，探索发挥市场和政府作用的有效机制

东北地区国有经济成分较大，体制、机制改革滞后，体制机制创新对于东北地区创新能力建设尤为重要。进一步厘清市场与政府边界，明晰市场和政府在推动创新中的功能定位，最大限度地发挥市场配置创新资源的决定性作用，

加快推进政府职能转变，进一步推进政府简政放权，更好地发挥政府宏观调控、完善创新环境等方面的作用。加快推进企业知识产权、市场准入、金融创新等改革，构建技术创新市场导向机制，推进要素价格倒逼创新。实行严格的知识产权保护制度，营造公平竞争的良好市场环境。

# 第三节　对策建议

为提高东北地区的区域创新能力，本书提出以下几个方面的对策建议。

### 一、留住、培养与引进并举凸显东北智力优势

采取政府主导、企业参与、学研联动、市场运作的模式，探索建立特殊政策、特殊机制，在留住、培养、引进和聚集人才方面实现新突破。一是千方百计留住人才。探索启动资助、住房保障、创新奖励、风险投资、研发补助、平台使用等方面的优惠保障政策，破解科技人员创新的身份限制、科技成果权属和转化收益分配等突出问题，建立有利于科技创新和转化的良好环境，大力改善高层次科技人才的科研条件和生活水平，激发科技人才创新动力，留住人才、用好人才。二是完善引进人才的"绿色通道"和"柔性机制"。完善"柔性引进人才机制"，积极引进国内外高水平研发人才。有计划、有重点地遴选科技创业领军人才和优秀专家，重点扶持运用自主知识产权或核心技术创业的优秀创业人才。在沈阳、大连、哈尔滨、长春等重点城市创办归国留学生与大学创业园，为海外留学人员、华侨科技人才创办高科技企业、转化科技成果提供便利条件。三是提升高等教育和职业教育发展水平。优化高等教育和职业教

育人才培养结构,优先发展东北地区急需的学科专业,开展单独招生改革试点,合理确定人才培养任务。加强校企合作、联合办学,实施产学研一体的人才培养模式。

**二、完善多元化投融资体系**

拓宽融资渠道,形成多元化、多层次、多渠道的科技创新投融资体系。一是政府建立与国民经济发展相适应的财政科技投入的稳定增长机制,保证财政科技投入按照高于财政经常性收入增长的速度稳定增长。改革财政投入方式和投入方向,提高资金使用效率,加大对公共科技基础设施建设、产业共性关键技术研发、新产业创业引导、工艺研究与服务事业等的支持力度。二是政府设立多类型专项资金,支持科技企业公共服务平台、专业实验室设备等共享设施建设,重点支持重大科技攻关项目和高新技术产业化项目。三是企业加大技术创新资金投入力度。企业是科技开发投入的主体,通过发行企业债券、上市、从企业销售收入中提取技术创新基金等方式筹集技术创新资金。积极探索建立适合科技创新型企业的信贷平台,通过发行集合信托和债券、开展新型质押贷款、组织集体债券发行等手段,打造担保评估体系。四是建立多渠道社会投融资体系。完善创业投资和风险投资。创业投资和风险投资是技术创新资金支撑体系的重要组成部分,应进一步强化创业投资和风险投资体系在企业技术创新资金支撑中的作用。

**三、完善财政、税收、产权等鼓励引导性政策体系**

一是制定出台自主创新专项法规,借鉴我国首部自主创新专项法规《广东省促进自主创新条例》,实施减免税收、贴息贷款、专项资金等财政税收激励政策和金融扶持政策,为自主创新提供有力的法制保障。二是采取财政、税收政策等多项优惠政策支持创新企业。加大财政资金支持和统筹力度,加大对创新支持力度，强化资金预算执行和监管，加强资金使用绩效评价。完善普惠性税收措施。落实科技企业孵化器、大学科技园、研发费用加计扣除、固定资产加速折旧等税收优惠政策。三是加强对知识产权的保护，实现科技成果的及时转化，保护各类创新主体的利益，增强企业知识产权创造、运用、保护和管理能力。

**四、建立技术创新协调机构**

建立常态化的东北地区省际技术创新联盟，为东北地区构建跨区域协调机制。对重大技术创新项目的确定和实施、地区内技术创新资源共享、研究开发工作的协作、技术创新人员的流动、促进技术创新的政策措施等问题，进行定期讨论和协调。在此基础上，逐渐形成固定的机构和人员，开展经常性的工作，以此加强东北地区省际协作、协调，促进东北地区综合优势的形成与发挥。

**五、谋划实施一批带动力强的技术创新项目**

一是实施重大项目带动战略，深入研究国家宏观政策、产业政策和投资导向，围绕东北地区产业发展重要领域，重点瞄准航空、航天、新材料、新能源、节能环保、先进制造和生物工程等领域，组织实施一批带动力强、影响面广、可操作性强、见效快的重大技术创新项目。集中力量、重点突破，切实解决高科技产业发展突出问题。二是分类建立项目储备库，强化项目储备动态管理。健全重大项目实施机制，有效支撑规划的落实。

# 第四章　我国产业衰退地区产业转型升级的重点及思路

　　加快产业衰退地区产业转型发展，对于维持产业衰退地区经济平稳增长，防范地区经济风险和社会风险意义重大。目前，我国产业衰退地区主要面临传统产业优势丧失、新兴接替产业培育不足，重点企业负担沉重、减员降薪压力大，重点企业亏损面加大、生产经营面临较大困难，产业融资渠道不畅、金融支持力度不够等问题。推动产业衰退地区转型发展，应以产业转型为重点，以补齐社会短板为核心，突出重点领域、关键环节。

　　产业衰退地区是继"老、少、边、穷"地区之后经济发展中提出的特殊类型地区，也是《中华人民共和国国民经济和社会发展第十三个五年规划纲要》（以下简称"十三五"规划纲要）中重点扶持的六大特殊类型地区之一。加快产业衰退地区产业转型发展，对于维持产业衰退地区经济平稳增长，防范地区经济风险和社会风险意义重大。产业衰退地区应以产业结构调整为主线，因地制宜，处理好新兴产业"进"和"退"的关系，加快衰退产业转型升级。

# 第一节　衰退产业与产业衰退地区的关系

　　关于产业衰退问题，理论界关注比较早，但对衰退产业的内涵有不同认识。学者认为衰退产业是产品进入生命最后期的产业、是产品市场容量在一段较长时期内持续下降或停滞的产业、是某一产业产品销售增长率在较长时期内持续下降的产业、是技术和成本等方面因素逐渐失去竞争力的产业。陈宝江（2000）从产业周期出发，认为衰退产业指因技术进步而产生新产业，随着新产品的推出，老产业的产品逐渐被替代，其市场占有率逐步下降，产品进入寿命最后期，也标志着生产该产品的产业进入衰退期。任红波和李鑫（2001）从产业出现衰退的本质出发，认为产业衰退应定义为在正常情况下，某一国家或地区的某一产业产品的市场容量在一段较长时期内持续下降或停滞的产业。陆国庆认为，衰退产业是依据产业增长率的变化划分的产业类型之一，是指在正常情况下，一个国家或地区的某一产业产品销售增长率在较长时期内持续下降的产业，或增长出现有规则减速的产业部门。周新生（2003）认为，产业衰退也是生产要素的退出过程，在理论上，产业衰退与生产要素退出紧密相连，但在实践中产业衰退并不意味着生产要素退出，衰退至退出还有许多因素在起作用。林善波（2003）认为，衰退产业是指因技术、成本等因素逐渐失去竞争力，产业规模失去扩张力并逐步萎缩，收益逐步减少，从而在产业结构中的作用和影响力日趋下降的产业。陈一君（2006）指出，衰退产业是在持续一段时间里产品的销售量绝对下降的产业，或增长出现有规则减速的产业部门。衰退产业的表现是需求增长减速甚至停滞，产业收益率低于各产业的收益率平均值且呈下降趋势。综合来看，衰退产业是指在一定地区范围内，由于受技术进步、市场容量、成本上升等多方面因素影响，产业增长减速甚至停滞，导致产业规模逐渐萎缩，在区域产业体系中影响力日趋下降的产业。产业衰退有绝对衰退和相对衰退两种情况。绝对衰退指因产业本身内在的衰退规律起作用而发生的规模萎缩、产品老化或退化等功能减退状况，在这种情况下，产业的物质实体在缩减。相对衰退指因结构性原因或无形原因引起的产业地位和功能发生衰退，这种状况并没有发生物质实体的萎缩，但这个产业衰退了。

衰退产业与产业衰退地区既有关联，也有区别。产业衰退时时刻刻都在发生，每个地区都有衰退产业，但并不一定会引起地区经济的衰退，不过地区经济的衰退大多与产业衰退有关。从这个角度而言，产业衰退是产业衰退地区形成的必要条件，但不是充分条件，只有由产业衰退引起地区经济衰退、社会问题突出的地区才能叫产业衰退地区。近年来，我国逐渐出现产业衰退地区，并引起较大关注。

# 第二节　从产业角度划分产业衰退地区的类型

根据不同的分类标准划分的产业衰退地区的类型是不一样的。从产业角度划分产业衰退地区的类型，有助于更有针对性地促进我国产业衰退地区产业转型升级。

### 一、按主导产业的数量分类

按照主导产业的数量，可分为单一型产业衰退地区和复合型产业衰退地区。

单一型产业衰退地区是主导产业单一的地区，产业的衰退和城市的衰退基本一致。有的地区主导产业是煤炭，有的地区主导产业是有色金属，有的地区主导产业是森工，一旦这些产业因资源枯竭而衰退，该地区就会发生经济衰退。这也再次表明，尽管产业衰退和产业衰退地区有关联，但差别依然很大。有些资源型地区的衰退主要是由于资源枯竭，而资源及依托资源延伸的产业在更大范围甚至是全国范围内并没有衰退。

复合型产业衰退地区是指有两个及两个以上主导产业，尽管产业结构呈多元化，但产业间联系紧密，主导产业的衰退导致其他相关产业的衰退。例如，依托煤炭形成的煤炭开采、煤电、煤焦化、煤化工等产业，尽管有多个主导产业，但由于产业间关联性高，一旦资源枯竭，所有主导产业都会受到影响，导致地区经济衰退。又如，围绕汽车制造形成的汽车零部件、会展、物流、餐饮等产业尽管各自独立，但关联性较强，一旦主导产业衰退，该地区也会随之衰退。美国的底特律从汽车制造业起步，几乎80%的人口都从事与汽车相关的工作，如汽车制造、汽车销售、汽车修理等，但随着日系、欧系汽车的崛起，美国汽车业竞争力不断下降，在全球份额下滑，人口开始流失，特别是2008年全球金融危机以来，中产阶级大量流失，不少地方出现"鬼城"景象。据《赫芬顿邮报》报道，2005~2014年，大约1/3的底特律房产被取消回赎权（遭银行没收）。自2010年以来，底特律人口下降了28%，人口从高峰期的200万下降至目前的70万左右。

## 二、按主导产业的类型分类

按照主导产业的类型，可分为资源型产业衰退地区、制造型产业衰退地区、服务型产业衰退地区。

资源型产业衰退地区受资源保有量及获得替代资源的难易程度制约，多属于供给约束型产业衰退地区。我国已开展三批资源枯竭型城市转型试点，取得了一定成效，但资源型产业衰退地区数量在所有产业衰退地区数量中的占比依然较高。《全国资源型城市可持续发展规划（2013—2020 年）》显示，我国 67 个城市由于自然资源趋于枯竭，经济发展滞后，民生问题突出，生态环境压力大，被列为衰退型城市，成为加快转变经济发展方式的重点和难点地区。制造型产业衰退地区和服务型产业衰退地区往往受到主导产业变化和市场需求的影响，属于需求约束性产业衰退地区。服务型产业衰退地区在我国现阶段不典型，主要是部分边境小镇受政策影响，边境游、商贸物流等服务业有所衰退导致经济增长停滞。而制造型产业衰退地区基本集中在改革相对缓慢、体制机制不活的老工业基地范围内。

# 第三节　产业衰退地区发展面临的主要问题和原因

产业衰退时时刻刻都在发生，但并不一定会引起地区经济的衰退，不过地区经济的衰退大多与产业衰退有关。近年来，我国部分以能源、原材料为主的地区，受经济增速下降的影响，呈现产业衰退态势。

## 一、面临的主要问题

一是传统产业优势逐渐丧失，新兴接替产业培育不足。产业衰退地区发展"路径依赖"强，产业转型缓慢，一旦传统优势产业竞争力下降，接续替代产业发展不足，就必然导致经济增速放缓。例如，山西省阳泉市以煤炭产业为主导产业，煤炭产业的衰退引起与之相关的煤电、煤化、煤机、铝工业、建材以及冶金等产业逐步萎缩，而装备制造、生产性服务业等新兴产业发展较为缓慢，工业经济增长乏力。二是重点企业负担沉重，减员降薪压力大。产业衰退地区大多数国有经济占比大，重点企业负担重，企业冗员多。三是重点企业亏损面加大，生产经营面临较大困难。尤其是产业衰退地区传统优势产业中的重点企业往往亏损面都较大，维持生产经营都比较困难。四是产业融资渠道不畅，金融支持力度不够。产业衰退地区由于相关产业经营风险凸显，金融机构为规避风险提高企业贷款准入门槛，使企业融资渠道受阻。

**二、原因**

导致产业衰退地区面临问题的原因有许多种，可归纳为如下几点：第一，市场不景气。产业发展都有生命周期，随着优势传统产业进入衰退时期，受市场的影响，主导产业竞争力下降、增速放缓，导致地区经济发展动力不足。第二，资源枯竭。由于资源的超强度开采，随着煤炭、有色金属、原探明可开采铁矿等矿产资源枯竭，导致采掘业、冶金业呈衰退之势。第三，人才技术转移。产业衰退地区人才、技术外流现象严重，从历史和现实情况来看，没有人才支撑的产业，必定缺乏创新和应变能力，迟早会陷入衰退。

# 第四节　加快产业衰退地区转型发展的重点

推动产业衰退地区转型发展，应以产业转型为重点，以补齐社会短板为核心，突出重点领域、关键环节，明确任务，支持产业衰退地区加快发展。

**一、妥善处理衰退产业**

**（一）坚决淘汰落后产能**

落实钢铁、电解铝、水泥、平板玻璃等重点行业淘汰落后产能的目标和任务，引导产能有序退出。全面清理整顿，对工艺装备落后、产品质量不合格、能耗及排放不达标的项目，分解落实年度目标。落实等量或减量置换方案等措施，加快制定产能置换方案。鼓励各地建立淘汰落后产能与发展先进产能良性互动机制，引导通过参股、控股、资产收购等方式，推进企业兼并重组。加大对产业衰退地区转移支付力度，采取兼并重组、债务重组或破产清算等措施，积极稳妥处理僵尸企业。

（二）改造和提升传统产业

把传统产业改造提升摆在优先位置，鼓励传统产业与"智能制造"和"互联网+"等新业态相结合，激发衰退产业活力。重点是要加强创新能力建设，加大技术开发投入力度，提高技术引进、消化、吸收和自主创新能力，用高新技术和先进适用技术改造和提升传统产业。调整优化原材料工业，不断提升原材料产业精深加工水平，推进钢铁、有色、化工、建材等行业绿色改造。用好新兴产业投资引导基金，积极发展新兴产业，支持产业衰退地区打造国内领先的新兴产业集群。

（三）加强国际产能合作

按照优势互补、互利共赢原则，发挥煤炭、船舶、有色金属、钢铁等产业技术、装备、规模优势，积极拓展对外发展空间。结合"一带一路"建设，鼓励企业"走出去"，积极参与境外经贸合作区建设，进而在境外建设生产基地。

**二、培育发展新动能**

（一）促进创新创业

把鼓励支持创新摆在更加突出的位置，激发全社会创新激情，推动制度创新、技术创新、产业创新、产品创新、市场创新、管理创新。推动在创新资源聚集地布局国家自主创新示范区，发挥示范带动作用，为创新创业提供可复制、可推广的经验。开展产业衰退城市创新发展试点，推动小微企业创业基地建设，支持产业衰退地区设立高新技术产业开发区，培育一批科技创新示范项目，加快形成以创新为引领的经济体系。建立创业政策集中发布平台，完善专业化、网络化服务体系。发挥大型企业人力资源丰富的优势，积极利用闲置的厂房、车间、设备等生产要素，为创新创业者提供低成本的办公场所和居住条件。

（二）积极发展现代服务业

实施产业衰退地区服务型制造行动计划，引导企业从生产制造型向生产服务型转变。构建服务业发展示范工程，鼓励企业分离和外包非核心业务，向产业链高端延伸。采取放宽市场准入、实施税收优惠、税费减免、加大财政支持力度等措施，重点支持物流、产品设计、融资服务、营销服务等生产性服务业发展。推动旅游、科教文卫领域的体制机制创新，加快旅游、培训、休闲、时尚、传媒和体育等产业的发展。结合现代组织经营与服务方式和信息化技术，改造提升传统服务业。推进落实"互联网+"行动，积极发展电子商务、供应链管理、互联网金融等新业态。

（三）加大承接产业转移力度

抓住国内外产业转移的契机，鼓励和支持产业衰退地区加大招商引资力度，变被动承接为主动承接。积极引进市场前景好、社会需求大、经济效益高、环境污染小的电子信息、纺织服装、食品加工等工业，促进轻重工业齐头并进、协调发展，形成多点支撑的产业格局。设立产业衰退地区承接产业转移示范区和示范园区，安排中央预算内投资资金支持园区基础设施和公共平台建设。

（四）加快发展职业教育

加大职业教育的投入力度，以就业需求为导向，调整职业教育专业设置，着力培养产业衰退地区重点产业发展急需的技能型人才。推广技术工人的实训，加强对乡镇、县城医疗人员的培训等，拓展专业范围，逐步推动机械制造、医疗保健等相关领域的发展。

### 三、提高企业综合竞争力

**（一）培育龙头企业**

产业衰退地区要引导重点骨干企业积极应用新技术、新工艺、新材料进行技术改造，提高产品标准，加大新产品研发，增强企业核心竞争力。建立和形成多层次的产权交易平台，发展并规范各类产权交易形式，为优势企业进行产业结构调整、通过产权市场进一步发展壮大创造良好的外部条件。鼓励产业衰退地区企业到境外开展工程承包、投资设厂和共同开发资源，扩大企业规模，提高企业境外影响力。

**（二）推动中小企业发展**

一是要拓宽中小企业融资渠道。积极发展地方金融业或柜台交易，加快引入风险投资机制，为产业衰退地区的创业、创新型中小企业提供资金支持。鼓励和支持产金融合（产业资本和金融资本融合发展），引进境外风险投资企业，牵线搭桥，促进其与产业衰退地区高新技术企业和民营科技企业合作，并结成战略伙伴。二是要推动中小企业的科技水平的提高。鼓励产业衰退地区中小企业与大企业合作，实现技术创新，提高中小企业技术层次；通过行业协会等中介组织为中小企业提供决策咨询、技术培训、技术推广、信息服务等；通过建立政府公共研发平台，为中小企业提供必要的技术支持。

**（三）引导企业实施品牌战略**

推动产业衰退地区企业实施品牌战略，广泛开展订单制、专业化培训，增强企业驾驭市场能力。通过改革企业产权制度及完善内部法人治理结构，实行公司制改制，引导企业加强管理和开展具有自身特色的企业文化建设。增强品牌创建意识，注重企业文化建设，强化产品品质管理，以现有中国驰名商标、省著名商标和地方特色产品为基础，打造一批标志性品牌企业和品牌产品，提升企业市场竞争力和品牌影响力。同时，制定出台品牌创建奖励政策。

# 第五节  加快产业衰退地区转型的主要
思路与保障措施

产业衰退地区也有过辉煌的过去，但随着外界环境的变化、自身资源环境的压力以及产业发展的规律，产业衰退地区产业结构调整升级已迫在眉睫。

## 一、发展思路

### （一）选准产业结构调整的方向，着力推进产业转型升级

亚洲国家和地区产业结构升级的成功经验表明，确定产业结构调整的方向非常重要。韩国在 20 世纪 70 年代第一次产业升级过程中，确定了钢铁、纤维、汽车等十大产业，促进产业结构从轻纺工业转向重工业；20 世纪 80 年代后，韩国提出发展技术和知识密集型产业；进入 21 世纪，将信息技术产业作为重点发展产业。日本在 20 世纪 70 年代选择研发集约型产业、装备产业、时尚产业、知识产业四个重点发展领域；20 世纪 80 年代后，日本政府又提出技术立国目标，并重新确定了产业结构调整的基准和重点产业发展领域。可见，产业的选择一方面要符合经济发展规律，另一方面要立足自身实际。依托现有的基础，产业衰退地区要坚持多措并举，改造升级"老字号"、深度开发"原字号"、培育壮大"新字号"，加快构建战略性新兴产业和传统优势产业并驾齐驱、信息化和工业化深度融合的发展新格局。同时，突出创新驱动，强化创新能力和创新体系建设，实施"互联网＋工业"行动，加快科技成果转化应

用，促进工业全产业链集成创新和协同发展，推动化工产业向价值链高端延伸。加大支持企业转型力度，保证产业升级过程中地区经济的平稳发展。

（二）加快生产性服务业发展步伐，提高现代服务业比重

从现阶段的表现形式来看，产业衰退地区的产业基本集中在制造业领域，服务业发展有限，在一定程度上限制了产业功能的提升。根据现有的研究结论，结合国际其他地区产业结构调整升级的经验，产业衰退地区发展生产性服务业的突破口应选择在营销服务、产品设计、融资服务、信息技术服务、员工培训和进出口服务等方面，再逐步向研发服务、采购服务、订单处理、客户管理、人力资源管理和企业财务外包服务等方面延伸。通过大力发展生产性服务业，一方面实现产业链的高效整合，另一方面促进产业结构的调整升级。特别是，随着我国进一步扩大服务业对外开放，生产性服务业迎来大发展的有利时机，一定要抓住这次难得的重大机遇，结合产业衰退地区的产业特点，大力发展第三产业，优化地区产业结构。同时，为外资企业优先选择服务业外包承接方提供有利条件，逐渐扩大区域承接国际服务业转移的规模、深度和方式，促进本地服务业发展。在此基础上，进一步降低民营资本进入服务业的门槛，吸引更多资金流向服务业。只有尽可能吸引外资和内资共同发展服务业，产业衰退地区的产业结构才能逐步调整升级。

（三）加大对内对外开放力度，推动民营经济发展

产业衰退地区一般国有经济比重都较高，并且国有企业和民营企业的融合度不高，区域内的内外资企业更多地表现为空间上的"集中"，而非价值链深度嵌入的"集群"。本地民营经济要想嵌入国有企业或外资企业网络，培育产业集群的根植性，需要提高企业资产的专用性和企业能力，其中很重要的一点就是要提升民营经济技术水平，增强其竞争力。要加快对内开放的力度，释放民营经济的活力，提高民营经济的技术水平。只有当民营企业嵌入外资企业网络体系，才能获得更多的技术外溢。同时，主动对接"一带一路"建设，发

挥地缘优势、口岸优势、产业互补优势，以畅通国际经贸大通道为基础，培育大物流，聚焦大产业，做好大服务，打造大平台，以大开放推动大发展，走出一条以国内区域合作为依托，以对外开放为重点，面向欧美国家、日本、韩国及我国港澳台地区的全方位对外开放新路径。

**二、保障措施**

针对产业衰退地区面临的问题，结合发展思路和重点任务，还应完善相应保障措施。

（一）建立健全相关机制

第一，制定科学的衰退产业识别标准、设立专门机构负责全国衰退产业转型，借鉴日本产业信用基金、欧盟结构基金和法国"四大基金"的经验，设立衰退产业退出专项援助基金和接续产业扶持专项基金。第二，建立和健全产业退出机制。建立产业救助机构和相应的产业退出基金，救助机构主要负责制定产业援助政策、制定产业退出方案、协调产业退出行动、组织实施产业退出。加强社会保障体系建设，从根本上使衰退产业的就业人员顺利退出并得到安置。制定具体产业退出的法律，从土地、贷款、财政、人员安置等方面对退出产业提供法律保障。衰退产业"促退"的政策的实施会产生大量下岗职工，因此应大力推动再就业工程建设，提供一揽子优惠政策，如给予财政补贴和银行贴息贷款、核销呆坏账、实行出口扶持等。

（二）加大财政支持力度

改善产业衰退地区居民的生产生活环境迫在眉睫，中央和省级两级政府都应加大产业衰退地区基础设施建设专项投入力度，尽快改善人居环境。鉴于产业衰退地区财力薄弱，养老保险、城乡低保金、医疗保险等城乡基本公共服务配套能力不强，建议推广集中连片特困地区经验，减免市县两级的配套，由中央和省级两级财政足额拨付到位，给予产业衰退地区资金支持。

（三）完善企业办社会的移交政策

制定移交政策应充分考虑接收地市的实际情况，给予充分的政策优惠。人员经费、运营经费、维修经费应考虑物价上涨、调资等因素确定补助基数并纳入转移支付；加大对企业"三供一业"等公用系统的支持补助力度，把矿区、厂区道路纳入国道、省道、乡道、村路等扶持和补助的范畴。统筹考虑前期破产移交企业办社会遗留问题，完善前期政策，补足前期缺口资金。

（四）创建产业信息沟通交流平台

针对产业衰退地区内的企业，特别是中小企业的需求，成立技术服务中心、风险投资机构、信息咨询机构、实际意义上的商会等公共服务机构。通过成立这些机构，不仅可以强化当地政府的服务意识，而且能增强外资企业与本地的关联度，促进企业与政府间的信息沟通。通过建立和完善委托授权机制、合作联动机制、征询机制、监督指导机制等促进行业协会的有效运转，发挥行业协会作为企业和政府间、企业和企业间信息沟通桥梁的作用。鼓励各类企业参加本地区各种公共活动，加强企业之间的交流与合作。此外，为鼓励信息交流和流通，也可成立由政府牵头举办，企业充当主角，行业协会、研究机构及中介机构积极参与的商业论坛。

（五）搭建地区创新平台

改革现有的高等教育体制与科研管理体制，鼓励大学和科研机构对外开放，与产业界进行更广泛深入的合作，促进教学科研和企业生产实践的结合。鼓励和支持产业衰退地区通过成立相应的机构适度介入，以此促进"产学研"合作机制的完善，让生产和科研共同推进区域创新体系的发展。

# 第五章 老工业城市和资源型城市高质量发展的现代产业体系构建研究：以长治市为例

目前，我国经济已由高速增长阶段转向高质量发展阶段。推动产业高质量发展是当前和今后一个时期我国制定经济政策的根本要求。对于全国老工业城市和资源型城市而言，产业高质量发展是实现经济高质量发展的重中之重，是城市转型发展的主攻方向。结合老工业和资源型城市产业转型示范区的要求，长治市要深刻认识和理解产业高质量发展的内涵，推动产业在高质量发展上不断取得新进展，切实提高产业发展的质量和效率。

## 第一节 产业高质量发展的内涵要求

产业高质量发展是要从关注产业规模和增长过程，转向更加关注增长的结果和增长的效益，不断实现产业转型升级。长治市作为典型的老工业城市和资源型城市，其产业高质量发展要体现独特的内涵要求。产业高质量发展从片面重视产业发展速度和高增长产业，转向更加关注产业协同发展、构建现代化产业体系。从关注产业增长的要素投入，转向关注要素生产率的提升和要素优化配置。

具体来看，可以从以下六个层面理解产业高质量发展的深刻内涵：

一是产业高质量发展是"质"和"量"的统一。速度与质量是辩证统一的，产业高质量发展不能为追求"质"而放弃"量"，没有一定的发展速度就很难实现发展的高质量。意味着产业规模要不断扩大，现代农业、先进制造业、现代服务业等不断完善发展，形成健全的现代产业体系。对于老工业城市和资源型城市来说要更加重视制造业的发展，制造业不仅是实体经济的主体，也是技术创新的"主战场"，老工业城市和资源型城市要坚持创新引领，促进产业转型升级，其新兴接续产业的一个主要方向是发展现代制造业，制造业的发展在一定程度上代表的是产业竞争力的大小。

二是产业结构不断优化。产业实现高质量发展，不仅要求产业组织结构日益优化，一二三产业结构合理，更要求产业内部结构向更合理、附加值更高的阶段演化。在工业领域，要充分发挥信息化在产业转型升级中的先导和牵引作用，通过信息化与工业化深度融合，采用高新技术、信息技术改造提升传统产业，不断激发工业中的新动能，战略性新兴产业和高新技术制造业发展速度要明显高于一般工业。在服务业领域，着力提升现代物流、现代金融、信息服务等主要产业支撑能力，增强文化旅游、健康养老服务供给能力，引领带动服务业全面发展。在农业领域，要准确把握乡村振兴战略的时代要求，以推进农业供给侧结构性改革为主线，把增加绿色优质农产品供给放在突出位置，着力提高农业供给体系的质量和效益。

三是创新驱动产业转型升级。创新是产业实力的综合反映，是产业竞争能力的核心要素。加快产业高质量发展，根本上要靠创新，创新是引领产业发展的第一动力，是建设现代化产业体系的战略支撑。因此，实施创新驱动发展战略，是促进产业转型发展的需要，不断推动产业发展从规模速度型向质量效率型增长、从粗放增长向集约增长转变。构建协同创新体系，主动对接国家、省市创新平台，创新科技管理体制机制，大力建设实验实训基地、技术孵化中心，提质科创中心，打造创新联动区域，激发创造活力和创新潜能。

四是产业发展的质量效益不断提升。质量与效益提升是产业转型的重点，围绕破解产业发展质量不高、品牌效益不强、标准话语权不大等问题，深入贯彻落实供给侧结构性改革要求和部署，要以最小的质量成本产出最大的质量效益，并不断提升可持续发展的能力，推动产业供给向质量高、声誉好、品牌响、竞争力强、附加值高的方向转变。

五是产业要素保障的协同性不断增强。党的十九大报告作出我国经济已由高速增长阶段转向高质量发展阶段的重大判断，并提出加快建设实体经济、科技创新、现代金融、人力资源协同发展的产业体系。产业高质量发展进程中要在更加宽广的领域上实现实体经济、科技创新、现代金融、人力资源协同发展，构建现代化产业体系。要通过制度创新和方式创新，吸引高端人才、技术、资本等要素集聚，为推进产业高端化提供要素保证。

六是产业绿色化发展水平不断提升。绿色发展理念为高质量发展提供了更加丰富、广泛的内涵。由于我国工业化是时间压缩型的发展方式，因而在经济高速增长的同时，造成环境污染严重、生态系统退化的问题，人民群众对良好生态环境的需求越来越强烈。绿色低碳技术的迅猛发展和我国经济实力大幅提升，也使我国现在有条件加快恢复被破坏的生态环境，因此，要进一步树立绿色发展理念，健全绿色低碳循环发展的产业体系。

# 第二节 产业发展现状特征

近年来，长治市产业发展取得历史性成就，产业规模大幅跃升，产业结构持续优化升级。既具有较大的潜力，同时又将经历转型阵痛，面临严峻挑战。

## 一、产业规模不断扩大，发展质量同步提升

长治市产业发展正在经历由量变到质变的转折，长治市在巩固壮大现代煤化工、高端装备制造、新能源汽车、新材料、新一代信息技术五大产业的基础上，确立了突出培育 LED、新材料、光伏制造及应用、通用航空、文化旅游、医药健康、固废利用等产业的新路径，特色优势产业集群规模效应加快显现，推进产业结构呈现积极变化，经济增长保持相对良好势头，产业发展规模不断壮大。在产业规模不断扩大的同时，产业发展质量效益也在不断提升。长治市入选全国老工业城市和资源型城市产业转型升级示范区，并且连续三年考评优秀，获得国务院表彰。根据《长治市 2023 年国民经济和社会发展统计公报》，2023 年，长治市生产总值完成 2806.2 亿元，增长 6%。LED 产值为 71 亿元，占到了全省 LED 产值的 65.6%。

## 二、产业结构升级成效显著，工业仍是经济增长主力军

根据长治市 2015 年和 2019 年国民经济和社会发展统计公报，长治市一二三产业占国内生产总值的比重分别由 2015 年的 4.9∶51.1∶44 调整为 2019 年的 3.7∶64.6∶31.7。工业增加值占 GDP 的比重提升，其中，制造业比重不断提升，但煤炭产业比重不断降低，工业结构"优化调整"态势稳步推进。战

略性新兴产业加快培育发展，制造业创新中心、工业强基、绿色制造、智能制造等重大工程稳步实施。服务业向高效优质发展迈进，信息、物流、电子商务保持良好发展势头，"互联网+"广泛融入实体经济。现代农业产业体系、生产体系、经营体系初步构建，粮经饲统筹、种养加一体、农牧渔结合的现代农业格局初步形成。

### 三、创新平台逐步升级，产业创新能力持续提升

长治市大力实施创新驱动发展战略，创新能力持续提升。不断加大技改项目投入。长治市整合各种双创数据资源、搭建了"长治市创新创业综合服务平台"。平台通过"互联网+双创"方式，使政府、园区、创客、企业、金融机构、社会资本等各类资源实现无缝对接、实时互联，实现了双创政策检索、创业项目推介、创新创业培训、双创活动路演、双创新闻发布等功能，为广大创业者、创业团队、初创企业提供全方位、零门槛、多样化的创新创业服务。搭建并完善了"长治市技术交易信息服务平台"，通过开放式合作模式，开展科技成果展示、技术交易、信息服务和技术对接等方面服务，形成技术交易和科技成果转化一站式服务的技术交易市场，打通了技术成果应用转化通道，构建起"技术创新—平台孵化—企业成长"全链式创新体系。长治市先后与清华大学、山西大学和澳大利亚阿德莱德大学等161所院校建立了合作关系。在装备制造、生物医药保健等领域建立了产学研合作联盟，建立起48个政校企联合、产学研一体化示范基地。成立了中科半导体技术研究院、长治大健康产业研究院、海外华人高新技术协会长治工作站等一大批产学研合作平台。

### 四、大力发展循环经济，产业绿色发展水平稳步提升

长治市将改善环境质量作为产业转型升级的重要领域，严格落实执行大气污染物特别排放限值和京津冀大气污染"2+26"城市群联防联控的要求，不

断淘汰落后产能，大力发展循环经济，提升产业节约集约利用水平。根据长治市生态环境局的数据，2022 年，长治市工业固废综合利用率为 62.4%，资源综合利用的种类主要包括煤矸石、粉煤灰、冶炼渣及脱硫石膏等。长治市已有综合利用企业 70 余家，并与山西大学合作成立了长治市固废综合利用研发中心，潞城经济技术开发区打造的园区内循环经济产业链树立了行业典范。产业能耗、水耗、污染排放强度持续降低。

# 第三节　产业发展存在的主要问题

当前长治市产业发展与国内外先进水平相比，在不少方面仍然存在明显差距，整体质量和竞争力相对较弱。主要表现在：

## 一、产业结构性矛盾仍比较突出

长治市工业比重偏高，服务业发展相对滞后，工业结构中重化工业比重仍较大，传统产业的主体性特征明显。煤炭产业一业独大格局尚未根本改变，产业抗风险能力较弱。工业增加值占 GDP 的比重高，服务业增加值占 GDP 的比重比山西省平均水平低。工业发展仍较粗放，优势产业主要集中在煤炭及其关联产业上，主导产品仍以初级加工和中间产品为主，带动性强、适应市场需求和消费结构升级的精深加工、高技术含量产品与最终消费品比重较低。商贸服务的层次还不高，特别是金融、商务等高端功能还存在较大差距，五星级酒店、5A 级写字楼等仍比较匮乏，企业融资、法律、贸易、咨询等服务功能较弱，商业档次方面还有很大提升空间。

## 二、产业大而不强和不强不大共存

长治市优势产业主要集中在煤炭及其关联产业上，主导产品仍以资源初级加工和中间产品为主，带动性强、适应市场需求和消费结构升级的精深加工、高技术含量产品与最终消费品比重很低。传统煤炭产业大而不强，现代煤化工产业尚未做大，长治市传统煤化工产品竞争激烈，先进煤炭清洁转化技术利用比例较低，传统煤化工企业的工艺流程和技术集成尚需优化升级，在能源转化效率、煤耗、水耗等技术经济指标方面还有较大的提升空间。现代煤化工产业的产业链相对单一，与国内先进煤化工产业园区相比发展滞后。装备制造业、新能源、新材料、光伏、生物医药等新兴产业在产业中规模小、占比低，产品生产关键技术、大型成套设备和核心元器件多依赖进口。

## 三、科技创新对产业转型升级的支撑能力不足

长治市自主创新能力不强、技术研发历史欠账较多，底子相对薄弱，仍存在科技创新激励机制不足、科技创新与实体经济联系不够紧密、科技成果转化率低等问题。山西省统计局、山西省科技厅、山西省财政厅发布《山西省科技经费投入统计公报》显示，2023 年，长治市研发经费支出 27 亿元，R&D 经费投入强度仅为 0.97%，远低于我国研发投入强度。大多数企业科技研发机构专业化、社会化发展水平不高，导致本地企业多处于创新链的中低端，具有辐射带动引领能力的研发设计、技术转移等创新能力明显不足。

## 四、产业生态有待优化

受多种因素的影响和制约，长治市实体经济与科技创新、现代金融、人才资源之间仍然存在诸多不协调现象，特别是有效的要素支撑不完善，缺资金、

缺人才、缺科技的"三缺"问题突出，金融、人才、科技创新之间的协调性不强，传导机制不畅，科技创新得不到金融和人才的有力支持。传统产业转型升级和新兴产业发展壮大需要的资金得不到金融的有效支持。人才供需结构性矛盾日益突出，专业人才队伍缺乏，"高精尖"人才队伍更是缺乏，产业提质增效升级面临人才瓶颈制约。

# 第四节　长治构建现代产业体系的基本思路

我国进入经济增速换挡、产业结构升级、发展动力转换的阶段，原有以数量、规模、速度为主要特征的增长模式已难以适应新时代的要求。要改变这种状况，最根本的是要推动质量变革、效率变革、动力变革，走制造业高质量发展道路。当前，长治市不仅处于难得的历史发展机遇期，也处于转型发展、动能转换的攻关期，要加快构建现代产业体系，为产业生态的重塑创造更好的发展环境，要全面落实新发展理念，推动产业发展方式从规模速度型向质量效率型转变。

## 一、构建"双轮驱动、多点开花"高质量发展的现代产业体系

立足长治市煤炭资源禀赋条件，将现代煤化工产业作为构建现代产业体系的支撑点，促进煤炭产业向绿色化、高端化转型，把制造业高质量发展作为构建现代产业体系的主攻方向，尽快形成以现代煤化工产业和先进装备制造产业为"双轮驱动"的主导产业，发展壮大光伏应用产业、新能源汽车产业、医药健康产业、新材料产业、智能制造、新一代信息技术产业、航空零部件制造、现代农业等潜力产业，以融合发展为主战场，积极发展数字经济、现代商

贸物流等，打造长治市高质量发展"2+X"的"双轮驱动、多点开花"高质量发展的现代产业体系。

**二、加大"建链、延链、补链、强链"力度，推进产业基础高级化和产业链现代化**

把握产业发展趋势，加快调整和优化产业结构，积极发展先进制造业，降低对传统资源的依赖，培育新的增长点，提升产业竞争力。把握5G、云计算、大数据、人工智能、工业互联网等以"新基建"为主导的产业发展机遇，以"新基建"助推产业高质量发展，结合长治市发展基础和优势，促进新材料、人工智能、电子信息等新型产业在"新基建"浪潮的引领下加快向高质量发展转型。既立足当前，加快推动重点产业链协同，切实提高效益和水平，努力促进产业平稳健康运行；又着眼长远，牢牢把握全球市场需求机遇和产业链重构机遇，厘清全市产业链薄弱和缺失环节，加大"建链、延链、补链、强链"力度，加快推进产业基础高级化和产业链现代化，更好地推动全市产业高质量发展。

**三、积极营造良好的产业生态，夯实现代产业体系的要素保障**

强化以技术、人才、金融的支撑能力。尤其是把创新摆在发展全局的突出位置，抓创新就是抓发展，谋创新就是谋未来，用科技创新驱动高质量发展，破解当前经济发展突出矛盾和问题的关键所在。要立足长治市实际，既要加大投入、提升现有科研资源创新能力，更要走好开放式创新的路子，把公共服务、生态环境最好的区域让位给科创产业，适应人才特别是青年人才的工作和生活需求，优化公共服务、生活服务，以最大的诚意、最优的政策、最好的服务广聚英才、用好人才。

# 第五节　构建现代产业体系的重点任务

坚持质量第一、效率优先，着力推动质量、效率、动力三大变革。培育壮大战略性新兴产业，改造提升传统产业，加快发展先进制造业和现代服务业，推动互联网、大数据、人工智能同实体经济深度融合，促进长治市产业迈向价值链中高端。

### 一、促进传统煤炭产业提档升级

以科技创新、技术革新为引领，围绕能源供给革命、能源消费革命、能源技术革命、能源体制革命和扩大能源开放合作等方面，重点发展"集群化、循环化、智能化"的煤化工产业，全面推动煤化工产业向高端化、绿色化、循环化转型，形成以传统煤化工为基础、现代煤化工为重点、化工新材料为特色的产业发展格局。

坚决淘汰落后产能。加快淘汰落后产能和低效益产业，推动煤炭行业、焦化行业、钢铁行业减量重组。

加大技术改造支持力度。支持采用新技术、新工艺、新设备对传统产业进行技术改造升级，以智能制造为主攻方向推动产业技术变革和优化升级，推动实施产业循环化升级再造工程，推进智能煤矿建设，建设智能生产运行、工艺智能控制、产品质量控制、智能安全预警等系统，全面提升传统产业绿色化、生态化水平，深化发展循环经济。

延伸发展煤化工深加工产业链。围绕"煤焦化、煤气化、煤油化、煤电化"的产业方向，积极向下游产业链延伸，加快推进煤制油、煤制气、煤制烯烃等一批煤化工深加工项目建设，发展调和油、润滑油、航空燃油等高端煤制油产品。

以高端化、差异化、市场化、环境友好型为方向，打造现代煤化工产业。重点抓好潞宝锦纶长纤维、潞安燃料乙醇、高密度航空煤油等项目，以襄垣王桥富阳工业园区和潞宝工业园区为核心，形成现代煤化工产业集聚区，打造国家现代煤化工创新示范基地。

积极培育煤化工产业。充分发挥煤化工基地的综合优势，抓住国家支持发展新材料的战略机遇，以市场需求为导向，以煤化工制备原料为基础，加快发展合成塑料、合成纤维、橡胶树脂等高分子新材料，积极培育纺织、涂料、特种建材等材料终端应用产业，打造以精细化工为特色的化工新材料产业集群，重点推进潞州特色产业集聚区、潞宝锦纶长纤维、能源化工新材料中试基地建设。

**二、促进先进制造业提质增效**

立足国家发展改革委等五部门联合发布的《支撑老工业区城市和资源型城市产业转型升级示范区建设若干政策措施》提出的"探索加快先进装备制造、生物医药、新能源、新材料等新兴产业发展的有效途径"的要求，以长治高新技术开发区和长治经济技术开发区为主要载体、以加快新一代信息技术与制造业深度融合为主线、以推进智能制造为主攻方向、以满足经济社会发展和国防建设对重大技术装备的需求为目标，加快发展直接融资多层次资本市场，全面提升资本要素投入质量和效率，强化工业基础能力，提高综合集成水平，促进制造业提质增效。

围绕循环经济发展需求，发展能源装备、节能环保装备产业。重点发展采煤装备、煤化工装备、风电装备、太阳能利用装备、电力装备，培育发展固废利用、节能监测设备、余热余压、烟气脱硫、城市污水处理、中水回用等领域的设备。

依托现有产业基础，积极承接产业转移，培育壮大新一代信息技术产业、智能装备、新能源汽车整车及零部件制造、航空零部件制造等一批精益集约、开放创新、特色明显的产业集群。重点抓好奥科无人机、中德新能源汽车电池壳体、成功汽车国家重点实验室建设等项目，培育提升新能源汽车、充电桩以及相关产品的生产能力和产品档次，推动物流电动汽车产业研发，打造集整车生产、汽车零部件、动力电池为一体的新能源汽车产业集群。依托长治王村机场，积极推动飞机改装维修、零部件制造等航空工业项目落地，大力发展航空运输、教育培训、租赁、展示销售、航空运动、航空旅游等产业，打造通用航空产业集群。大力发展以钕铁硼永磁材料、镁铝合金、高性能取向硅钢、新型建材等为重点的新材料产业，着力打造新材料产业集群。

### 三、加速提升潜力产业的竞争力

充分发挥区位条件、产业基础和要素禀赋的优势，积极培育和发展数字经济、大数据、工业互联网等潜力产业，增强产业技术供给和转化能力，培育壮大新动能，提高产业发展层次和产品档次，加速提升产业的竞争力，推动产业合理的集聚，打造标志性、引领性的特色产业集群。

第一，壮大数字经济产业。抓住国家支持新基建的机遇，加快数字经济基础设施建设，深化数字技术应用，不断扩大和升级信息消费，大力培育融合经济等新技术新模式新业态，加快推进工业互联网、大数据、人工智能等信息技术和实体经济深度融合。依托能源、电力、装备制造等海量数据，创新长治市制造业大数据应用。重点围绕智能化制造、网络化协同、个性化定制、服务化转型等制造业大数据应用场景，在规划布局能源大数据、碳基新材料等关联产业，在煤炭绿色智能化改造、煤电机组灵活性改造等领域开展一批试点示范项目。

第二，积极发展 LED 和新材料产业。以光伏领跑者基地建设为契机，通过给光伏前沿技术和产品提供试验示范和依托工程，加速科技研发成果应用转化。重点抓好潞安太阳能组件等项目，带动光伏发电技术进步和市场应用，从而提高长治市新能源光伏制造业水平。积极推进城市建筑和农村能源革命，推广新建楼宇、标准化厂房、农房屋顶分布式光伏电站，提高取暖照明等生活用电自给率。

第三，培育氢能源产业。围绕产业链上下游，促进煤制氢、加氢基础设施、供氢系统、氢能专用车辆制造、氢能重卡示范运行等领域发展，重点抓好海德利森氢能装备制造、潞宝工业制氢、黎城氢能源综合利用等项目。

第四，发展固废产业。实施煤矸石治理、发电等项目，促进变废为宝、化害为利，围绕煤矸石的资源化综合利用，创建国家级工业资源综合利用基地，建立技术先进、清洁安全、吸纳就业能力强的现代化大宗工业固体废物综合利用产业。

### 四、推动现代服务业融合发展

推动现代服务业与先进制造业融合发展。加快发展现代物流、工业设计、金融服务等现代服务业，推动先进制造业和现代服务业融合发展，将服务业培育成为长治市经济增长的新引擎。一是鼓励优势制造业企业"裂变"专业优势，推动生产性服务业向专业化和价值链高端延伸。促进从加工制造为主向"制造+服务"转型、从产品销售为主向"产品+服务"转型。促进制造业向产业链两端延伸、向价值链高端攀升，在总集成总承包、全生命周期管理、品牌管理、创意服务等领域取得突破性进展。二是以融合发展为主战场，积极发展数字经济，积极发展大数据、工业互联网、共享经济等新业态。推动数字经济与制造业融合发展，围绕"网、智、数、器、芯"五大领域，重点抓好长治智能制造大数据中心、高新区智能终端产业园、5G 电子智造基地等项目，培育制造业高质量发展新引擎。推动电力能源大数据平台、供应链服务大数据平台建设，大力推进与工业紧密配套的工业设计、技术服务、检验检测服务发展。深入实施生产性服务业"双百"工程和互联网平台经济"百千万"工程，提升生产性服务业要素集聚能力。三是围绕构建现代化的交通物流体系和商贸流通体系。加快推进物流园区和商贸集聚区建设，加快引导工业企业分离物流服务，积极推动商贸物流基础设施建设，全面提升商贸物流业社会化、信息化、网络化水平。引进培育有实力的商贸和物流企业，引导工业企业剥离物流业务，成立专业化物流公司，提高物流服务的社会化、专业化水平。

医养旅融合发展大健康产业。利用太行山区独特的自然资源、气候资源、人文资源、区位优势、产业基础等，促进康养产业与生态文化旅游、医疗医药等融合发展，引入社会资本培育健康养生和养老机构，发展中医保健养生、健康养老、健康管理及相关产业，构建疾病预防、健康促进、保健康复等多元化服务体系，努力把长治市打造成为中国北方地区有影响力的"太行水乡——康养之都"。依托振东、康宝和长治大健康产业研究院，促进医药产业和医疗防护产业与服务业融合，促进医养结合。

### 五、提升特色农业发展质量

优化农业种植养殖结构。大力推进绿色有机旱作农业，大力发展节水灌溉，推广农艺节水措施，提高农业水资源利用效率。实施中药材产业崛起工程，重点抓好连翘中药材种植产业化项目建设，建设上党党参、苦参、黄芩、连翘等绿色有机中药材示范园。推行标准化规模养殖，提升动物疫病防控能力，全力保障市场供应和价格基本稳定。

推进农产品精深加工。坚持质量兴农、绿色兴农、品牌强农，依托农业产业化龙头企业，推进农产品精深加工。重点打造药茶、中药材、酿品、肉制品、粮品、果蔬食品、功能保健品七大优势特色农产品加工产业集群。鼓励并吸引龙头企业和科研机构建设农业产业园，发展设施农业、精准农业、精深加工、现代营销，带动新型农业经营主体和农户专业化、标准化、集约化生产，推动农业全环节升级、全链条增值。

实施农产品新业态和强品牌行动。突出长治市特色农业资源优势，促进产业跨界融合化发展，积极培育生态休闲农业、农村电商、乡村旅游等农业新业态。建设山西·长治中药材等特色商贸平台，打造长治小米、上党党参等农产品区域公用品牌和产品品牌，提高"三品一标"认证农产品数量。

# 第六节　对策建议

## 一、积极发展产业金融

引导金融"活水"流向实体经济，增强金融服务实体经济能力。一是积极发展绿色金融，对企业节能减排、清洁生产、循环经济等项目提供绿色信贷，支持绿色发展。二是大力发展科技金融，应用互联网、大数据等新技术创新金融服务业态和方式，鼓励金融机构开发符合新产业新业态发展的信贷产品、保险产品，拓宽创新企业融资渠道，引导更多金融资源配置到战略性新兴产业和高技术产业，促进科技与金融协同发展。三是加快发展普惠金融，加大对小微企业、大学生创业就业等的金融支持。四是设立产业发展投资引导基金，统筹产业引导基金支持方向和细分领域，重点支持产业发展布局、产业高质量发展的关键领域和薄弱环节，探索省级基金间、省市基金间协同运作方式。五是支持符合条件的战略性新兴产业企业上市融资，健全企业上市扶持培育机制，对拟上市企业及时登记，扩充上市后备企业库，完善企业上市挂牌培育平台，推动符合条件的企业在主板、中小板、创业板、新三板上市。六是支持设立专营金融机构，服务小微企业发展。鼓励金融产品服务创新，开发更多满足实体经济高质量发展、新兴产业发展和创新创业需要的金融产品，在审慎经营的前提下增加信用金融产品有效供给。

## 二、筑牢人才对产业发展的支撑

实施更加积极、开放、有效的人才政策，大力开发与现代产业体系相适应的人力资源。建立完善人才激励、服务、流动、培养和使用制度。一是聚焦"高精尖缺"领域，选拔和培养战略科技人才、科技领军人才、青年科技人才、高水平创新团队和掌握交叉学科知识的复合型人才。进一步创新引才用才机制，深入实施"柔性引才"政策，突出"人才+项目+开发区"引才导向。二是注重激发和保护企业家精神，积极培育具有全球视野和创新思维的优秀企业家。实施创新型领军企业培育计划和科技型企业成长梯队培育计划。着力提升龙头企业自主创新能力，形成若干具有行业带动力和影响力的创新型领军企业群体。三是紧贴高质量发展需求，大量培养掌握精密制造技术的工程师和工匠人才。鼓励和支持大众创业万众创新，为创新创业提供要素聚集、服务优良、形态多样、成本低廉的科技服务，促进初创型企业源源不断涌现，迸发出增长的动力。深入推进产教融合，积极争创国家级产教融合试点城市，推动职业院校与企业共建实训基地和实验平台。

## 三、提升产业创新能力建设

一是强化企业创新主体地位。建设一批引领企业创新和产业发展的国家技术创新中心，培育一批拥有自主知识产权的创新型领军企业。鼓励企业联合高校、科研院所建设高水平企业技术中心和工程技术研究中心，支持企业培育和引进高层次、高技能、急需紧缺人才，加快培育一批高价值专利和高知名度品牌。二是大力推动"双创"升级，拓展市场化专业化众创空间。建立一批低成本、便利化、开放式的众创空间和虚拟创新社区，支持广大中小型企业提升创新能力，孵化培育"专精特新"的创新型企业。三是推进产业创新平台建设。围绕产业创新发展共性需求，加快建设工业云制造、工业信息安全等一批制造业创新中心，推动产业技术研究院、产业联盟、产业创新中心等新型协同创新平台建设，支持企业技术中心、工程（技术）研究中心、工业设计中心、重点实验室、工程实验室等创新网络节点建设，推动规模以上工业企业自主或联合建立研发设计机构。

**四、优化营商环境**

深化"放管服"改革，研究完善配套政策，大力简政放权、减税降费，减轻企业和个人税负，大幅降低企业非税负担；推动网上政务服务向基层延伸，实现政务服务互联互通，提高投资便利化程度。加快国有企业改革，通过竞争倒逼国有企业提高经营效率。完善产权保护，特别是知识产权保护制度，加大侵权惩罚力度和侵权者违规成本。深化要素市场化配置改革，实现劳动力、土地、资本、技术、信息等要素自由流动，推动要素向实体经济汇聚，向优质产能、优秀企业流动。

**五、谋划产业高质量发展重大工程**

围绕产业高质量发展，布局谋划一批重大工程，储备大项目、好项目，加强项目谋划储备，提高项目数量和质量。

传统产业提质升级工程。结合高质量发展要求和产业发展趋势，支持企业积极采用先进适用技术，全面开展以升级设备工艺、提高产品质量、优化产品结构、实现节能减排、降低生产成本为主要目标的技术改造。

战略性新兴产业培育工程。围绕重大关键技术研发、重大技术产业化、应用示范和标准化建设等环节，实施战略性新兴产业推进计划，力求突破一批重大关键技术，形成一批产业化项目。强化要素保障，在土地、财政、金融、环境容量安排上优先予以安排，优先保障战略性新兴产业重点项目和企业的需求。例如，打造深紫外 LED、半导体光电材料等全产业链产品体系，打造半导体光电产业集群；实现互联网、新材料、大数据、人工智能和装备制造业的深度融合。

# 第六章  让"市场之手"在生态产品价值实现中发挥更大作用：以浙江省为例

建立生态产品价值实现机制，是践行习近平总书记"绿水青山就是金山银山"理论的重要举措，是完善主体功能区战略和制度的重要途径。生态产品价值实现的市场化路径是发挥市场在环境资源配置中的决定性作用，更加高效可行，更有利于反哺生态建设，全面提升生态产品的经济、社会和生态价值。坚持生态环境保护和生态价值提升双轮驱动的原则，建立与之相适应的转化路径，促进生态资源资产化、跨界融合化、产业共生化、权属交易化、服务付费化，不断提高生态产品价值实现效率。

## 第一节  在生态产品价值实现上，政府与市场的作用不同

从全国来看，生态产品丰富的地区也往往是经济欠发达地区，面临生态保

护和经济发展的双重压力较大。目前，我国生态产品价值没有充分实现，生态
优势尚未充分转化为生态经济优势和发展竞争优势，存在生态产品度量难、交
易难、变现难、抵押难等堵点、难点问题亟待突破，具体来说：一是自然资源
资产产权制度尚不健全，森林、草原、河流、山岭、荒地、滩涂等自然统一确
权登记尚未完全起步，自然资源资产管理存在所有者不到位、所有权边界模糊
等问题，归属清晰、权责明确、监管有效的自然资源资产产权制度尚未形成；
二是自然资源资产交易市场不健全，准入规则、竞争规则、交易规则和退出机
制等还很不完善，交易主体数量较少，排污权、碳排放权、节能量等交易进展
比较缓慢；三是自然资源资产价值核算体系等建设滞后，生态服务价值无法有
效估算，导致生态补偿、绿色金融发展受到限制。

促进生态产品价值实现，政府与市场必须共同发力，拓展生态产品价值
实现路径。政府路径主要作用于生态建设资金安排、转移支付和生态补偿。
市场路径主要是充分发挥市场在环境资源配置中的决定性作用，通过活跃
生态产品市场交易和生态资源的产业化经营等方式，推进生态产品价值的
实现。而且，合理的市场路径比政府路径更有效率。尤其是优质生态产品
供给的稀缺性为生态产品价值实现市场化带来了可能。因此，实现"绿水
青山"向"金山银山"转化，必须让生态走向市场，更好地发挥市场机制
的作用。

# 第二节　生态产品价值实现的市场化路径总体思路

生态资源是一个复杂的大系统，其种类繁多。不同类型的生态资源，其价
值实现路径也各不相同。但总体来看，生态产品价值实现路径主要可以分为政

府路径和市场路径两种。随着我国市场化改革的深入发展，生态产品价值实现逐步由传统的政府供给为主向市场供给方式演进。因而需要建立与之相适应的生态产品价值市场化实现路径。

生态产品供给方式不同，有国家政府供给、地方政府供给、市场供给、公私伙伴供给、自治性供给等多种供给方式。随着我国市场化改革的深入发展，生态产品供给方式逐步由传统的政府供给为主向市场供给、公私伙伴供给等多种方式演进。因而需要坚持生态环境保护和生态价值提升双轮驱动的原则，建立与之相适应的，以"四新"（聚焦新技术、新服务、新消费、新业态）促"五化"（生态资源资产化、跨界融合化、产业共生化、权属交易化、服务付费化）为路径的生态产品价值实现形式，不断提高生态价值实现效率和生态保护效率。

第一，坚持保护优先、合理利用。牢固树立"绿水青山就是金山银山"的理念，强化生态环境保护的前提条件，统筹推进山水林田湖草一体化治理，注重在严格保护好生态安全的前提下，探索生态产品价值实现有效模式，确保自然、经济、社会协调统一。在有效保护的基础上，通过市场化手段高效开发生态产品本身及其权属等，构建网上交易平台，促进生态产品合理高效开发利用。

第二，坚持多元参与、提高效率。充分发挥市场对资源要素有效配置的基础作用，拓宽实现渠道，引导社会资本与公众积极参与。发挥政府对生态产品价值实现的监管作用，加强制度建设，完善法规政策，创新体制机制。培育家庭农场、农民专业合作社等多种新型生态产品经营主体，促进专业化、合作化、规模化经营，提高生态产品经营效率。

第三，坚持多样高效、保值增值。要充分挖掘生态产品市场价值，增强生态产品供给区自我造血功能和自身发展能力。促进生态产品价值实现形式多样、内容丰富，促进形成生态产品体系，产业化运营、品牌化经营，提高价值转化效率和效益。

第四，坚持利益激励、有效约束。既要形成推动生态优势转变为经济新动能的良性利益导向机制，又要坚持源头严防、过程严管、损害严惩、责任追究，形成对各类市场主体的有效约束，实现生态产品价值实现的法治化、制度化。

# 第三节　拓展生态产品价值实现市场化路径

为了解决"守着绿水青山却难致富"问题，需要更好地发挥市场的作用，根据不同生态产品的资源禀赋、区位条件、生态服务能力等特点，市场发挥作用的方式不同。

## 一、依托优质生态资源，增值开发生态农产品

切实转变传统生态产品发展方式，通过不断挖掘生态产品各种"绿色要素"，发展精品生态农业、林业及渔业等。加强新技术、新工艺、新方法的运用，加快新产品研发，生产出满足人们绿色消费的新型生态产品，将其使用价值直接开发转化为交换价值，进入生态市场实现价值提升。例如，深挖精深加工潜力，积极研发植物化妆品、保健品、药品和日用化工品等生态资源衍生产品，优化产品结构，提高附加值。

我国多数重点生态功能区水土条件适宜，原生态优势得天独厚，拥有发展绿色生态农业天然基础。立足原生态优势发展绿色农业可以实现规模经营，并带动农业经济繁荣。依托生态功能区优质的食用菌、茶叶、油茶、杨梅、柑橘、雪梨、高山蔬菜、中药材和竹木等生态资源，按照生态、高效、优质、安

全、节约的现代农林产业发展要求，采用现代的科学技术嫁接，形成特色食品、有机绿色食品、保健食品产业和特色的竹木制品等产业。例如，浙江安吉竹产业的发展模式是开展竹产业全产业链建设，将竹子"吃干榨尽"，推动实现竹子生态价值转化。

积极探索和发展"林下经济""高山经济"和"虾稻经济"等高效循环农业生产模式。促进生态产业的集约经营，提高产出率、资源利用率和劳动生产率，提高综合经营效益，促进农民持续、普遍、较快地增收致富。浙江省大力推广竹林覆盖、名优经济林生态高效栽培、林下种植和原生态仿生栽培四大高效生产类型的10种创新科技富民模式。

---

**专栏1　丽水市发展绿色优质农产品供给模式**

丽水市深入推进农业粮食生产功能区、现代农业园区和农产品加工园区（三区）绿色化发展和生态精品农业"912"工程建设。依托茶叶、油茶、食用菌、高山蔬菜等优势农产品，大力发展绿色经济作物，建成海拔600米以上"丽水山耕"绿色有机农林产品基地100万亩。

丽水市充分发挥生物资源丰富优势，大力发展特色健康产业。切实推进中药材GAP种植基地建设，加强中药指纹图谱研究，开发新型中成药主导产品，重点发展现代中药、天然提取物及保健食品产业。

---

**专栏2　浙江安吉县实现竹子和白茶生态价值转化**

安吉县森林覆盖率达71.1%，拥有林地面积207.5万亩，其中竹林面积108万亩。安吉县充分利用竹林资源丰富的优势，将竹子"吃干榨尽"，

竹子变成了能吃（竹笋）、能喝（竹饮料、竹酒）、能居（竹房屋、竹家
具）、能穿（竹纤维衣被毛巾袜子）、能玩（竹工艺品）、能游（竹子景区）
的时尚用品，形成了六大系列 5000 多个品种。目前，共有竹制品企业 2400
余家，其中 70 家规模以上企业、2 家国家竹业龙头企业、1 家企业在新三板
挂牌上市；产值亿元以上的企业 11 家、产值 5000 万元以上的企业 29 家，
竹地板产量已占世界产量的 50%，竹机械制造业占据 80% 的国内市场。安
吉县全职和半职的从业人员约 5 万人，竹产业在解决山区农民脱贫致富、
提供社会就业岗位、促进地区经济发展方面发挥着极为重要的作用。2016
年，安吉县竹产业总产值 200 亿元，以全国 1.8% 的立竹量创造了全国 22%
的竹产值。安吉县走出了一条富民兴县的竹产业发展之路，先后荣获"中
国竹子之乡""中国竹地板之都""中国竹凉席之都""中国竹纤维名城"
"中国竹产业集群""全国首批农民林业专业合作社示范县""国家级林业
科技示范县""国家林下经济示范县"和全球第一个"竹林碳汇试验示范
区"等称号。

　　安吉县溪龙乡曾制定规划，控制全乡 1.8 万亩茶园总量。一方面，对
生态进行修复，在茶园当中夹种树木，并用树木对景观进行点缀，让不同
的树种给四季的茶园增添不同的颜色；另一方面，实行统防统治，靠着农
药选择，降低农药使用，保证安吉白茶的品质。2015 年 8 月，安吉白茶正
式登陆华东林权交易所大宗农林产品现货电子交易平台，标志着华东林交
所安吉白茶上市的正式开启。目前，安吉县安吉白茶成为具有品牌溢价力、
品牌传播力的中国茶类区域公用品牌。同时，也给当地农民释放了"生态
红利"。

　　资料来源：浙江调研资料。

## 二、按照"生态+"模式，跨界融合化发展生态产业

推动一二三产业深度融合发展，按照"生态+"模式，将生态产品、物质性产品和文化产品"捆绑式"经营，推进生态产品价值的市场化实现。加快发展健康休闲、养生养老、生态旅游、生态文化等产业，构建多业态多功能的生态产品体系。立足不同地区的生态资源特点，以提高生态资源的保护和利用水平，优化生态产业结构为出发点，以基地建设为载体，整合优势资源，紧紧围绕主导产业和优势特色产业，加快发展生态产业。同时，顺应"互联网+"新趋势，以生态产品开发、产业化运营等为重点，采用"互联网+"旅游、"互联网+"森林康养等多种模式，加快发展生态产品电子商务和物联网，"线上"与"线下"相结合。

我国多数生态功能区拥有良好的生态环境和丰富的历史文化资源优势，具有"打响生态旅游品牌"的核心要素。充分发挥生态健康养生、生态旅游休闲等产业在探询自然、保护环境等方面的积极作用，推进生态与健康、旅游、文化、休闲的融合发展。深化旅游业改革创新，依托大景区，大力挖掘历史传承、人文题材，把美丽乡村旅游、红色旅游、节庆旅游、运动休闲、养生保健、农家乐、民宿等联结，配套发展导游、餐饮、购物等服务业，通过生态旅游业实现带动多产业发展。此外，选择生态资源良好的地区，围绕湿地公园、森林公园、自然保护区等生态旅游资源，因地制宜建设一批生态休闲养生福地，积极培育和丰富生态休闲养生产品，打造一批有品牌、有品质、有品位的湖边渔家、温泉小镇、森林小镇、茶叶小镇等生态休闲养生基地，更规模化地实现生态产品的增值。

一些典型地区也积累了丰富的实践经验。浙江省以森林旅游为突破，发展森林休闲、森林养生、森林体验等产业，深度挖掘林业景观功能和生态功能，将生态禀赋变为后发赶超优势。近年来，浙江丽水大力扶持建设了一批以

"生态旅游+民宿经济"为主题的旅游村镇，促进了生态旅游业的快速发展，旅游业增加值占 GDP 比重达 8%，已成为丽水的支柱产业。温州市、丽水市等市县获全国森林旅游示范市县称号。

---

**专栏 3  丽水市依托绿水青山发展生态健康休闲业**

丽水市在确立了"秀山丽水、养生福地、长寿之乡"的区域定位后，在全国开创性编制了首个地级市生态休闲养生（养老）经济发展规划，荣膺全国首个"国际休闲养生城市"称号，有力促进了丽水生态旅游业发展。

根据丽水市相关发展规划，下一步，围绕"秀山丽水、养生福地"主题，以生态休闲养生产品和休闲养生基地两大平台建设为切入点，丽水争取用 20 年时间，吸引国内外投资千亿元，生态休闲养生产业体系成为区域经济的主导产业，建成国内规模最大、国际知名的中国"养生福地、休闲乐园"。

丽水市将大力发展乡村养生旅游、城市休闲旅游、森林养生旅游、运动休闲旅游等生态旅游产业。并且，将依托县城南部优越的生态环境，打造兼具休闲度假和术后康复、慢性病治疗等功能的健康休闲疗养基地。培育发展科普旅游，依托浙江自然博物园、安吉生态博物馆群机构及自然生态资源，重点开展面向大中小学生和城市居民的科普教育，深度开发参与性、体验性的科普旅游项目。将打造生态精品旅游度假线路，重点培育和打造浙江之巅——森林氧吧游、浙闽水系源头滨湖游、江南山地民宿之旅、中国摄影之乡采风游等多条精品旅游线路，并打造一批徒步穿越线、自行车环游线、生态登山线。

---

### 三、发展环境敏感型产业，促进产业和生态共生

通过拥有清新的空气、清洁的水源、适宜的气候等高质量的生态环境，大力发展环境适应性产业，吸引环境敏感型产业，充分释放生态产品价值。例如，吸引物联网、医药、电子、光学元器件等对生态环境要求严苛产业，促进环境敏感型产业与生态环境"共生"发展，以产业收益反哺生态建设，形成更优的生态环境，进而全面提升生态的经济社会价值。大力建设物联网、大数据等对生态环境要求严苛的数字信息产业基地，重点加快信息产业园等创新平台建设。引进培育一批先进制造企业，打造电子、光学元器件等对生态环境质量要求高的产业基地，培育机器人产业链，打造智能装备与机器人高新技术特色产业基地。从而实现保护"绿水青山"与发展高端产业相得益彰。

生态环境与环境敏感型制造业、生态环境与房地产的整合一体化等共生发展，是我国普遍采用生态资产"共生"的典型范本。例如，西安"浐灞模式"，以保护和修复水生态系统、改善区域生态环境为基础，发展旅游休闲、会议会展、文化创意等产业，进而形成集群化、高端化、国际化的现代服务业发展格局，使浐灞从生态重灾区发展成为西安重要的生态区。丽水在优先保护的基础上，充分发挥清新的空气、洁净的水源、宜人的气候等生态产品优势，成功吸引了四川科伦药业、德国肖特集团等国内外著名生态友好型企业入驻，在生态要素转化为生产要素方面取得初步成效。太湖流域通过生态资产的资本化运作，形成了一定规模的房地产产业，把土地资产变成太湖治污工程的重要资金来源，最终形成了"用生态资本筹措资金→用于治污工程→通过环境改善使生态资本增值→筹措更多资金用于生态建设"的良性循环。

### 四、交易生态产品权属，盘活生态资源资产

生态资源所有者通过转让、租赁、承包、买卖等形式交易生态资源的使用

权、处置权和收益权，实现增值的目的，带动生态资源保护。权属交易的前提
是权属明确、权责分明。生态资产权属交易主要包括使用权和发展权交易。其
中，最重要的是积极发展绿色金融，创新绿色金融服务体系，才能有效盘活生
态资源资产。探索和完善生态产品产权抵押贷款，重点解决抵押评估、担保和
变现问题，鼓励发展规范的评估机构和从业人员，承担信用评估服务。引导设
立担保基金，通过建立小额生态产品贷款担保合作社、资金互助社和国有控股
担保公司等办法，解决产权抵押贷款难题。

近年来，我国实行"三权"分置的林权制度改革，建议将林权改革经验
进一步向水权、草权、山权等领域延伸，以完善生态资产交易制度。结合林
权、水权、草权、山权权益属性的普遍性和特殊性，参照林权"三权"分置
模式，探索建立便于市场交易流转的水权、草权、山权权属结构，推动所有
权、承包权、经营权分离，为林权、水权、草权交易流转奠定制度基础。在此
基础上，加快培育全国性的林权、水权、草权交易平台，研究制定林权、水权、
草权跨区域交易流转的引导性政策，促进生态产品在全国范围内优化配置。

**专栏4 借鉴丽水河权流转制度促进我国河道综合治理模式创新**

丽水首创"河权改革"，通过"河权到户"探索出卓有成效的治水新模
式。目前，"河权到户"改革已在丽水全面推开，每千米河道年均可收取出
让费用200~500元，承包者通过河道整治、生态鱼类观光、农家乐经营等
实现溢价收益，每千米河道年均增收8000元以上。丽水的河权流转制度有
效破解了农村河道治理管理难题，走出了一条既让群众获得"金山银山"，
又留住"绿水青山"的水利惠民之路。建议国家有关部门全面总结丽水
"河权到户"治水模式，在我国其他地区适当推广河道所有权、承包权、经
营权分离。通过河权承包流转，促进地方政府向市场主体让渡河道经营权，

推进河道治理由政府主导向市场主导转变。同时，应充分借鉴丽水河道承包流转主体多元化的做法，探索建立集体承包、股份制承包、合作制承包、农户承包的河道经营权承包模式。

**五、交易生态服务许可，探索生态服务付费化**

生态服务付费化是指利用森林、草地、湿地等生态资源的生态服务能力获取经济收益的方式。通过对用能权、碳排放权、排污权等生态服务能力的开发、资本运作，使生态服务许可证能够在市场平台上交易。目前我国的生态服务许可交易量不大，建议逐步扩大生态服务能力交易范围，污染物排放权交易、温室气体排放权交易、节能减排和环保技术交易、节能量指标交易等，开展节能减排咨询、项目设计、项目评价、经营策划、项目投融资以及技术支撑等资本、经营、信息与技术服务，强化生态服务价值的开发、资本运作。

目前，碳汇交易是发展相对较成熟的生态服务交易形式，根据《联合国气候变化框架公约》，《京都议定书》确立了二氧化碳排放权交易机制和清洁发展机制。催生了世界温室气体交易市场。企业减排 $CO_2$ 的义务可通过在市场上购买森林固碳作用价值得以抵消。目前，世界银行生物碳基金所支持的碳汇项目均取得显著效益。

# 第四节　浙江林业实现"生态产品价值"的创新实践

浙江省基本地貌是"七山一水两分田"。近年来，浙江努力把"七山"资源转化为生态优势、经济优势和富民优势，深入践行"绿水青山就是金山银山"的科学论断，加快推进林业改革，探索出一条促进林业生态产品价值实现的现代林业发展路子。

**一、推进林地、林木和家庭林场等股份合作制改革，解决"谁来经营"的问题**

浙江推广林地、林木和家庭林场三种股份制合作模式，发展适度规模经营，引进工商资本与林农结成利益共同体，建设林业股份制合作组织 168 家，培育家庭林场 1645 个、林业合作社 5512 个、"林保姆"式专业户 3.58 万户。加快林业流转机制改革，在全国率先实施了《林地经营权流转证》制度，颁布实施了《浙江省林地经营权流转证发证管理办法》。

**二、创新林权抵押贷款，解决"钱从哪里来"的问题**

创新推广颇具特色的"信用+林权"贷款、公益林补偿收益权质押贷款、村级惠农担保合作社等多种内容、多种模式的林业金融产品，破解了林权不能作为抵押物贷款的难题，并保障林权抵押贷款制度化、规范化。先后推出了林农小额循环贷款、林权直接抵押贷款、森林资源资产收储中心担保贷款、"林贷通"等模式。首创"统一评估，一户一卡，随用随贷"的林权信息系统、经营权流转证抵押贷款和公益林补偿收益权质押贷款。贷款规模和覆盖面不断扩大。

**三、推进林业传统产业转型发展，促进"老树发新芽"**

林业以树为本，把有限林地资源用于发展珍贵树和优质用材林。实施"新植1亿株珍贵树"行动，加快珍贵彩色森林建设。以山地造林、补植培育、四旁植树为重点，大力发展木材质量好、市场价值高、培育前途大的珍贵乡土树种，建设大径级材培育基地，推进"藏富于地、蓄宝于山"。以林产业全产业链建设提升产业综合产值。以安吉、龙游为重点县开展竹产业转型升级试点，突出多功能开发和多业态融合。围绕服务山区精准致富增收，科学有序引导，发展油茶、山核桃、香榧等特色木本油料产业，加大精深加工和林旅融合力度。萧山、长兴、海宁、嵊州、金东等地块状花卉苗木经济带发展迅速。

**四、以三产融合发展，加力引导培育林业新兴产业**

以森林旅游为突破，发展森林休闲、森林养生、森林体验等产业。深度挖掘林业景观功能和生态功能，强化景观森林、古村落、古道、古树等森林休闲养生资源的修复保护和利用，培育融森林文化与民俗风情为一体的森林旅游。推广"一亩山万元钱"模式，大力发展林下经济。2015年浙江省启动实施"一亩山万元钱"三年行动计划，大力推广竹林覆盖、名优经济林生态高效栽培、林下种植（套种）和原生态仿生栽培四大高效生产类型的10种创新科技富民模式。创新开展森林系列建设，有效搭建产业发展平台。围绕镇与村开展森林特色小镇和森林人家建设，通过整合区域森林资源、特色产业和乡土文化，加快促进林业与休闲旅游、生态教育、医疗康养、文化创意等元素的深度融合。

**五、以生态文化为特色，构建森林生态品牌体系**

第一，推进品牌标准化建设。以标准为先导，实行产品质量追溯、企业诚信和质量监管体系"三位一体"的品牌质量保证体系。浙江省多家林业企业获得省政府质量奖，林产品被评为中国名牌产品，林产品被评为浙江名牌产品。浙江省通过认定森林食品基地工作，给"森林食品"品牌提供了基地保障，打响了"最美系列"品牌。先后开展了"最美森林""最美湿地""最美古树""最美森林古道""最美护林员"等评选活动，并且在浙江省政府"浙江发布"官方微博、微信网络平台等媒体上引起高度关注。第二，做优节庆品牌。结合各地特色，积极举办"森林旅游节"和油茶、香榧、山核桃文化节等节庆品牌。

### 六、多措并举，积极开展碳排放权和林业碳汇交易试点

第一，广募林业碳汇建设公益资金。自 2010 年以来，浙江省先后成立了中国绿色碳汇基金会、浙江碳汇基金、温州碳汇基金、临安碳汇基金及其鄞州、北仑、瑞安专项，基本形成了基金会—基金—专项的三级管理体系。2013年，制定出台了《浙江省碳汇基金管理办法》和《浙江碳汇基金碳汇项目实施方案》。第二，大力实施碳汇造林项目。2010 年，浙江省被列入全国首批 9个碳汇造林试点省份，温州市、鄞州区等 10 个县（市、区）承担了全国 20%试点任务。第三，试点开展林业碳汇自愿交易。2011 年，在义乌交易试点启动会上，成功交易了全国首批 14.8 万吨林业碳汇。CCER 林业碳汇项目获得备案。

### 七、加强考核和补偿力度，建立健全生态奖惩制度

第一，加强考核。浙江省把森林覆盖率和蓄积量列入了省委和省政府对市党政领导班子实绩评价指标体系，并列入淳安等 26 个县发展实绩评价指标体系，与干部使用、转移支付、责任追究等挂钩。第二，浙江省不断加大对生态公益林的补偿力度。浙江省政府出台了《关于建立健全绿色发展财政奖补机制的若干意见》，明确对丽水、衢州等重点生态功能区进一步加大对森林覆盖率、森林蓄积量指标的财政奖补力度。

# 第五节　促进市场化实现生态产品价值的对策建议

## 一、完善生态资源资产化的产权基础

"权属明晰、四至明确"是推动生态产品市场化价值实现的基础。借助国家完善自然资源产权和用途管制制度，推进自然资源资产的确权、登记和颁证工作，明晰生态资源所有权及其主体，规范生态资源资产使用权，保障生态资源资产收益权，激活生态资源资产转让权，理顺生态资源资产监管权，建立归属清晰、权责明确、监管有效的生态资源资产产权制度。按照产权规律和不同生态资源的类型，进一步分类实行所有权、承包权、经营权分离。积极引导农民进行经营权流转，促进适度规模经营，同时为抵押贷款等金融创新奠定基础。特别是，探索建立更为公平的环境产权制度，为重点生态功能区提供可供交易的生态环境"资源"。重点生态功能区受其主体功能的约束，在产业发展选择上往往要受到诸多限制，但不能据此忽视重点生态功能区的发展权。考虑到发展的公平性问题，在排污权、用水权等环境产权配额分配上，不宜延续目前向重点开发区、优化开发区过度倾斜的初始分配格局，应对重点生态功能区给予适当的环境产权配额"照顾"。未来应以研究制定更为公平的排污总量控制指标分配方案为突破口，适度增加重点生态功能区排污总量控制指标，并实施严格的用途管制，引导重点生态功能区通过"排污权"交易或者置换体现其发展权。在此基础上，探索建立健全相对公平的用能权、用水权、碳排放权等环境产权初始分配制度，建立各类市场化交易平台与交易机制，赋予重点生态功能区更多可经由市场交换变现的环境产权资源。

## 二、完善生态产品统计核算体系及建立生态产品价格形成机制

科学研究并制定生态产品价值核算方法,研究制定生态产品价值核算指标体系。加强生态产品统计能力建设,加快推进能源、矿产资源、水、大气、森林、草地、湿地等统计监测核算。研究制定森林、草地等生态系统服务功能价值核算办法,探索建立生态资源价值核算指标体系。以生态产品体系为基础,研究制定生态产品价值评估指标体系,科学拟定生态产品价值评估办法。

核算生态产品价值量。因地制宜采用市场价值法、替代市场法等价值计量方法,开展各类型生态产品价值量核算,摸清生态产品价值量本底情况。

坚持自然资源有偿使用原则,充分发挥市场在价格形成中的基础性作用,探索建立反映市场供求关系、资源稀缺程度、生态产品成本的市场化定价机制。加强多元化优质生态产品市场供给,培育生态产品市场需求,挖掘生态产品价值。探索建立特定地域单元生态产品价值(VEP)核算体系,强化核算结果在经营开发、担保信贷等市场层面的应用。

## 三、建立"负面清单"和"正面清单"并举的产业发展引导

改变目前针对重点生态功能区产业发展单一的"负面清单"管理办法,结合重点生态功能区的具体情况,精心设计"正面清单"的发展引导,为重点生态功能区生态旅游、绿色农业、生态型工业发展及运营模式创新提供特殊支持,为重点生态功能区绿色发展提供适度的成本优势。

对于"正面清单"要出台具体支持政策,例如,对于多数重点生态功能区生态旅游的发展引导,应从三个方面给予支持:其一,建议国家旅游管理部门研究设立针对重点生态功能区的生态旅游发展基金,并鼓励各地区强化差别化探索;其二,国家税务部门应研究探索对重点生态功能区生态旅游业实施特

殊税收政策的可行性，降低运营成本；其三，加大要素支持力度，对重点生态功能区生态旅游发展用地需求给予适度倾斜。

### 四、创新绿色金融对生态产品价值转化的支撑

完善支持绿色信贷的政策，创新绿色金融服务体系。健全绿色信贷统计制度，大力发展绿色信贷，支持以用能权、碳排放权、排污权和节能项目收益权等为抵（质）押的绿色信贷。建立财政补助、金融机构融资相互协作担保机制，对于绿色信贷支持的项目，符合条件的按规定给予财政贴息支持。完善各类绿色债券发行的相关业务指引、自律性规则，积极推动金融机构发行绿色金融债券，支持符合条件的绿色企业上市融资和再融资，引导各类机构投资者投资绿色金融产品。研究设立绿色发展基金，鼓励社会资本按市场化原则设立节能环保产业投资基金。在环境高风险领域建立环境污染强制责任保险制度，鼓励和支持保险机构创新绿色保险产品和服务。

设立生态产品价值实现引导基金，推动建立生态保护市场化机制。统筹相关财政资金，积极吸纳社会资本，设立生态产品价值实现引导基金，重点支持生态产品价值实现公益类项目。建立社会资本投入生态保护和修复的引导机制，制定出台相关指导意见，推广政府和社会资本合作模式，大力推动公益保护地发展，推行生态保护和修复合同生态管理、第三方治理等运营模式。设立生态环保领域国有资本投资运营公司，加大国有资本对环境治理和生态保护方面的投入。

### 五、建立生态大数据管理和应用机制

围绕生态产品价值核算，要建立健全统一规范、布局合理、覆盖全面的数字生态环境监测网络。建设"生态云"大数据平台，基于地理空间信息整合生态与环境数据资源，开展生态环境大数据分析应用，推动建立生态环境质量

趋势分析和预警机制，健全以流域为单位的环境监测统计和评估体系。建立政府部门数据资源统筹管理和共享复用制度，明确各级各部门的数据责任、义务与使用权限，加强对数据资源采集、传输、存储、利用、开放的规范管理，保障数据一致性、准确性和权威性。建立市场化的生态环境数据应用机制，鼓励政府与企业、社会机构开展合作，通过政府采购、服务外包、社会众包等多种方式，依托专业企业开展政府生态环境大数据应用，强化生态环境大数据科学决策、精准监管和公共服务等创新应用。建立生态环境大数据运行管理制度，规范运行维护流程，构建较为完善的运行维护管理体系。

### 六、加强生态产品品牌建设、整合和监管力度

加强生态产品品牌建设，加强品牌整合力度。推进生态产品品牌标准化建设，把小品牌、散品牌、弱品牌整合成区域性生态产品大品牌，形成规模优势，统一标准、统一要求、统一宣传，加大品牌推广力度，扩大品牌知名度和影响力。通过市政府背书等方式，大力推进公共品牌培育，有效打通生态农产品销售渠道，实现生态农产品价值最大化。国家层面应在两个方面加大支持力度：其一，国家工商管理部门应加大重点生态功能区绿色农业品牌打造的支持力度，支持有条件的重点生态功能区注册区域性农产品公用品牌；其二，国家宣传机构应设立相应平台，对重点生态功能区特色农产品及区域性品牌进行广泛宣传，扩大产品及品牌的影响力。

加强品牌安全监管，坚持源头治理、标本兼治、综合施策，着力构建质量追溯制度、企业诚信机制、质量监管体系"三位一体"的安全监管模式。倒逼生产经营方式转变，推动产业可持续发展。

建设生态产品标准认证标识体系。构建统一的生态产品标准、认证、标识体系，实施统一的生态产品评价标准清单和认证目录，健全生态产品认证有效性评估与监督机制，加强技术机构能力和信息平台建设。

# 第七章　汉江生态经济带空间布局研究

汉江生态经济带具有重要的生态功能地位和经济地位，需要打破行政区划界限，整合区域资源，优化区域经济空间布局。汉江生态经济带宜采取以"点""轴"为人口和产业集聚导向，以"区段"为生态分区和产业分工导向，实施"以轴串点、以点带片"的空间开发模式，推动区域优势互补，促进区域协同发展。

汉江生态经济带由湖北省的襄阳市、十堰市、随州市、荆门市、孝感市，陕西省的安康市、商洛市和河南省的南阳市8个地级市，以及湖北省的天门市、仙桃市、潜江市3个省直管市构成。这是一个以汉江流域为纽带串联起来的经济地理区域，包含南水北调的丹江口库区和水源地保护区，具有重要的生态功能地位和经济地位。同时，此区域也是中部地区重要的汽车工业走廊，装备制造业、纺织服装生产基地和主要商品粮基地。但是，目前区域经济发展还存在许多问题，如区域差异较大、区域间分工合作不顺畅。

# 第一节　空间布局的现状与特征

## 一、区位条件

汉江生态经济带是连接中部和西部地区的重要战略通道，是"中部崛起"和"西部大开发"的前哨阵地，起着维系交融中部、东部经济优势与西部资源、能源优势双向对流的承启作用。汉江生态经济带是关中—天水经济区、中原经济区、长江中游城市群和成渝城市群的地理中心，也是各经济区（或城市群）辐射的薄弱区域。这使汉江生态经济带可以充分利用四大经济区（或城市群）之间"经济塌陷区"的广泛空间，在更大范围、更高层面聚资源、引人才、扩大影响。汉江生态经济带内的铁路、公路等交通线共同构筑起了连接关中—天水经济区、中原经济区、长江中游城市群和成渝城市群的纽带和便捷高效的战略通道，促进了中西部人流、物流、信息流、资金流的无缝对接。同时，随着长江经济带新一轮的开放开发，汉江作为长江的第一大支流，推动汉江"黄金水道"的综合开发已经成为题中应有之义。

## 二、城镇和产业主要分布在河流、交通线地带

受自然环境条件、基础设施布局、资源开发和经济发展水平等因素的影响，汉江生态经济带内的城镇、人口和产业分布具有明显的地域差异，主要沿河流和交通线分布。经济带中的大多数工业企业和工业总产值都集中在汉江及其支流的河流谷地和盆地平原地区。城镇的地理分布也与这种生产力布局相呼应，安康、十堰、丹江口、老河口、襄阳、宜城、潜江、仙桃等本区域的重要

城镇沿汉江呈现西北—东南向带状分布。

### 三、经济发展水平区域差异较大

经济带的中下游地区由于水土条件好，发展历史悠久，经济发展水平比上游发达。中下游的襄阳、十堰和南阳已发展成人口超百万的大城市，荆门、仙桃、天门、孝感等城市的经济也比较发达，在湖北省经济发展排名前列的县市有一半集中在该区域内。汉江上游的安康、商洛包括十堰的一部分处于山地地区，是南水北调的水源地保护区，也是限制开发区域，经济发展相对落后。

# 第二节　存在的问题

### 一、区域产业结构趋同，地区分工不明显

城市合理的产业分工是形成系统合力、提高经济带整体竞争力的基础，而由于受经济发展水平的影响，汉江生态经济带内多数城市功能辐射力较差，以服务本行政区范围为主，城市间产业结构趋同、分工不充分，没有形成合力的分工体系，致使区域内城市间竞争激烈。主要表现为各自规划，各自建设，盲目重复建设，造成资源浪费，有限的资源无法集中，产业技术水平不高，各城市间产业结构互补性不强，存在区域内部同质竞争的现象，降低了区域经济竞争力。例如，汉江生态经济带内的十堰、襄阳、随州等多个城市都把汽车制造作为重点发展产业，但分工不明确，产业协作较少，这必然引起城市间激烈的市场竞争。

## 二、城市规模体系不合理

汉江生态经济带内的城镇化水平较低，还没有达到全国平均水平。从内部结构来看，国内外成熟的经济带地区都是以大城市为核心，以中小城市为依托，形成类似金字塔的比例结构。而汉江经济带内的城市结构发展不合理，缺乏有影响力的特大城市，只有南阳、十堰和襄阳向百万人口的特大城市迈进，存在"小马拉大车"的现象；中等城市数量偏少，导致城市建设成本加大，城市规模效应减弱，城市积聚和辐射功能萎缩，随州、孝感、潜江、天门、仙桃等都是人口规模为 20 万~50 万的中小城市；小城镇建设相对滞后，汉江生态经济带沿线乡镇以农业为主，人口较为密集，但经济总量小，城镇基础设施不配套，不能很好地发挥经济支撑、产业带动的作用，"四化同步"不能有效推进。

## 三、城市经济总量小，影响和带动能力弱

任何一个区域经济的发展都需要一个中心城市作为引擎和增长极，通过集聚和扩散作用带动整个区域的经济发展。虽然汉江生态经济带内城市数量较多，但城市实力较弱，辐射和带动能力差，尤其缺乏高集聚能级的龙头城市。从整个汉江经济带来看，缺乏一个具备引擎功能，带动整个经济带发展并辐射周边地区的中心城市。城市本身产业层次不高，与周边城市没有形成有效的合作和分工，城市群体的分工停留在与周边城镇争夺同样的产品市场上，从而影响整个地区整体经济竞争力的提高。

从各个地级市来看，也普遍存在中心城区带动作用不强的特点。地级市是我国今后吸纳人口的主要载体，也是连接省会城市和县城的主要桥梁，一般以每平方千米建成区面积人口达到 1 万为标准，但汉江经济带中多数地级市达不到这样的标准，反映出各地级市的中心城区普遍规模小，对整个市域的辐射带

动作用不强。

### 四、区域空间缺乏整合

各个城市在经济带内部要承担不同的功能，形成分工协作的有机整体，从而增强整个经济带的对外竞争力。然而，目前汉江生态经济带内的城市基本自成体系，竞争多于合作，难以形成整体大于部分之和的结构效应。特别是在天门、仙桃、潜江等城镇密集地区，由于城市之间各自为政，坚持以自我为中心的扩张式，缺乏区域协调，导致区域一体化发展受到极大的制约，未能形成合作共建、相互带动的区域发展格局，出现了建设用地低效蔓延、土地资源紧张、公共服务能力不足、周边区域竞争严重等问题。进行区域空间整合是解决这些问题的有效方法，在已有条件下，要树立区域整合和区域经营理念，实现跨区域资源与产业整合，提高区域协同效应。

## 第三节　优化空间布局的原则

### 一、统筹规划，促进区域协同发展

打破行政区划界限，整合区域资源，优化区域经济空间布局，推动区域优势互补。统筹协调流域与区域、城市与农村、基础设施与产业发展、经济社会发展与生态建设等关系，促进区域协同发展。

### 二、以资源环境承载力为基础，促进集中集约发展

遵循区域生态经济功能特性，立足南水北调中线核心水源区和国家级重点

生态功能保护区的功能定位，把握开发节奏、时序和强度。中下游建立中心城市与周边小城镇协调发展的格局，促进人口向城镇，产业向园区集中布局，走集约化的发展方式，推动经济社会发展与生态环境保护，资源节约相互协调、相互促进。

### 三、以东融西联为导向，促进开放发展

加强与武汉城市圈、长江经济带的合作与交流，形成协调、共同发展的格局。加强与陕西、河南的联动协调，在汉江水资源保护与防治、开发利用方面及相关基础设施建设、产业发展方面加强沟通合作。加强南水北调受水区的京津冀沟通协调，充分运用对口协作平台，建立产业发展、人才援助、智力支持、资金扶持等方面的联络机制。

### 四、实施红线管制，促进有序发展

划定汉江生态经济带的生态红线，特别是生态敏感区、脆弱区以及禁止开发区的红线。建立水环境红线，加强对水资源开发利用的管控，强化水资源保护的监督管理，确保"一江清水"；建立耕地资源红线，实行最严格的耕地保护制度，保障国家粮食安全；实施岸线管制，加大对流域、沿江植被、湿地、生物多样性建设与保护。通过红线管控，为生态经济带的生态保护与建设、自然资源有序开发和产业合理布局提供重要支撑。

## 第四节　优化空间总体布局的框架

汉江经济带采取"点—轴"空间结构将是最有效的经济空间组织形式，

因为点轴开发是一种地带开发，它对区域经济的推动作用大于单纯的据点开发，不仅有利于转换目前汉江经济带明显的城乡二元结构，而且可以推动空间结构向网络系统发展，促进区域分工与协作。具体来说，根据汉江经济带内的城镇、产业和主要交通干线的分布现状，并考虑未来城市发展、重大基础设施的规划，以及周边区域的发展情况等因素，汉江生态经济带宜采取以"点""轴"为人口和产业集聚导向，以"区段"为生态分区和产业分工导向，构筑"一核、两轴、三区、多节点"的社会经济总体布局框架，逐步形成发挥优势、分工协作、优势互补、布局合理、功能完善、持续发展的新型空间格局体系，促进区域协同发展。

**一、一核——襄阳发展成为汉江生态经济带的核心城市**

把汉江生态经济带作为一个整体来发展，襄阳具备发展成为区域核心和龙头的区位、经济、科技、交通等多方面的优势。而且，襄阳处于中原城市群与武汉城市圈的交界地带，基本处于郑州与武汉两座特大城市引力场的断裂带上。区域间的竞争在相当大的程度上体现为各区域中心城市之间的竞争，襄阳又是本区域参与外部区域性竞争的战略支撑。因此，做大做强襄阳，进一步推进以襄阳为中心的城市群发展，可以整合整个汉江流域的空间资源，实现要素的空间优化配置和区域整体协调发展。

襄阳具备建设为汉江流域中心城市的优势。在汉江流域鄂、豫、陕的15个城市中，武汉虽然是最大城市，但位于汉江最下游，对流域内其他城市的辐射带动力有限，在其余14个城市中，襄阳位居前列，拥有成为中心城市的实力。

第一，交通优势突出。襄阳是我国内陆地区连接东西、贯通南北的重要交通和物流枢纽，是国家公路运输主枢纽城市之一、全国高速公路主骨架中的重要节点、全国铁路运输重要枢纽之一。襄阳已经构成了公路、铁路、水路、航空机场等多种交通设施并举的现代化的立体交通网络体系。3条铁路（襄渝、焦柳、汉丹铁路干线）大动脉交会，2条高速公路（二广、福银高速公路）、3条国道（G207、G316国道）贯通全境。襄阳港被定为国家"西煤东调、北煤南运"的主要中转港口，成为汉江中上游广大地区物资交流的一个重要节点和平台。襄阳刘集机场为4C级机场。

第二，领先性的经济规模总量。襄阳是全国、湖北省重要的老工业基地、国家军民结合产业基地、国家新型工业化（新能源汽车）产业基地和长江流域首个百亿斤粮食大市，产业体系较为健全，工业基础扎实。经济总量等指标位居汉江流域城市前列，具备成为核心龙头的潜力。汉江流域15个城市的版图面积共18.98万平方千米、人口为5105.6万，襄阳分别占10.4%和10.9%。

第三，研发实力雄厚。襄阳境内科研院所丰富，目前有5所高等院校、37所中等职业学校、7个国家级企业技术中心、2个国家级生产力促进中心、1个国家级科技企业孵化器、2个国家级检验检测平台、2个国家级创新型（试点）企业、17个校地企共建研究院（中心），以及26个省级工程技术研究中心、41个省级企业技术中心、46个省级创新型（试点）企业、4个省级重点实验室。约有R&D人员15000人，R&D总经费占地区生产总值比重达2.12%，比全国平均水平高出0.42个百分点。

第四，文化底蕴深厚。作为汉水文化核心区，不仅文化底蕴深厚，而且高度重视文化建设。近年来，襄阳大力实施"文化立市"战略，强力推进公共文化场馆院所建设，襄阳文化的影响力与日俱增，成为城市综合实力和核心竞争力的重要内核。

**二、两轴——培育一主一副两条发展轴**

主轴：汉江干流、汉丹—襄渝铁路、高速公路及规划中的武西高铁的复合交通线构成汉江生态经济带的一级空间开发主轴。汉江干流是汉江主航道，拥有襄阳港、沙洋港等几大区域性港口码头，还有铁路、高速公路和航空港贯穿经济带，是本区域重要的物流通道，也是本区域城市密集分布轴和产业聚集轴，因此将其作为空间结构的发展主轴。此发展轴西连陕西安康、商洛，串联湖北十堰、襄阳、荆门、潜江、仙桃、随州、孝感等本区域的大多数城市，并且在武汉与长江相通。此轴斜跨整个汉江生态经济带，是融通东西的经济传送带，又是撬动上游地区经济发展的杠杆。

副轴：在东西向主轴的基础上，增加一条南北方向的沿焦枝铁路、郑万铁路复合交通线的发展副轴。这一轴线的交通运输也十分发达，不但拥有焦枝铁路、二广高速和汉江的支流白河，而且与规划中的郑渝高铁基本同一走向。这样可以贯通南北，增强河南与湖北的区域合作。

因此，要充分利用汉江经济带的基础设施和经济存量就必须以这两条"十字"的轴线作为本区域经济布局发展轴。

### 三、三区

划分区段是为了更好地界定区域功能，明确发展方向，达到错位发展、有序开发、经济发展与生态保护协调，促进汉江生态经济带的整体发展。

依据功能区规划、资源环境承载能力，统筹考虑生态与经济因素，将汉江生态经济带划分为三个区段：安康—商洛段的"水源保护与特色产业区"，十堰—南阳段的"库区保护与绿色产业区"，襄阳—孝感段的"中下游重点发展区"。

安康—商洛段的"水源保护与特色产业区"。范围主要包括安康市和商洛市的全部，以及十堰市的竹溪、竹山、房县。此区域最突出的特征和问题是经济发展与生态保护之间存在矛盾。此区域生态地位非常重要，承担着南水北调工程中线水源涵养、水土保持、生物多样性保护等重大任务。区域内有多个县属于国家限制开发的重点生态功能区。按照国家的功能区划分，此区域多属于禁止开发和限制开发区域，限制进行大规模高强度工业化、城镇化开发。但是此区域经济相对落后，在目前生态补偿机制不完善的情况下，经济发展与生态保护的矛盾非常突出。因此，此区域发展方向宜定位为：按照本区的区域特征，按照"点上开发、面上保护、有序疏导、突出特色"的原则，在保护生态的前提下，促进产业和人口向重点发展区集聚。

十堰—南阳段的"库区保护与绿色产业区"。包括十堰市的丹江口、郧西、郧阳区、白河县全域和南阳市的淅川县、西峡县、内乡县、邓州市。此区域既是南水北调中线的库区，又是中部地区重要的生态功能区。丹江口库区是确保南水北调中线水质安全最重要的区域。此区域生态系统脆弱，资源环境承载能力较低，不具备大规模高强度工业化城镇化开发的条件。此区域的发展方向为产业集群发展、集中布局、资源集约利用，形成规模化、高端化、集群化、集约化、生态化的新型产业发展格局。促进农村人口向城镇转移，坚持集约、智能、绿色、低碳的新型城镇化战略。

襄阳—孝感段的"中下游重点发展区"。包括襄阳、荆门、天门、仙桃、潜江、随州、孝感和南阳市的部分县区（南召县、方城县、内乡县、镇平县、新野县、唐河县、桐柏县）。此区域水土条件较好，资源环境承载力较强，可作为人口和产业转移的承接区。此区域的发展方向是作为重点开发区域，应按照现代理念进行综合开发，在保护生态环境的基础上，加快推进新型工业化、新型城镇化，承接汉江上游的人口转移和东部地区的产业转移。

## 四、多节点

依托现有的城市基础，推动多个一体化发展和次区域合作依托现有城市发展基础，将安康市、商洛市、十堰市、南阳市、荆门市、随州市、孝感市，以及天（门）仙（桃）潜（江）次区域合作区、丹河谷次区域合作区建设为经济带空间开发的重要节点，承担经济发展的传导作用。

综上所述，主副轴共同勾勒出了东贯西通、南接北连的空间发展格局。襄阳位于主副轴的交叉点上，是整个区域的增长极和重要的战略支撑。各节点通过发展轴的传递和辐射，带动整个经济带"面域"的发展，最终形成"点—轴—区"三个层次密切联系的空间组织结构。

# 第五节　优化城镇空间格局

以新型城镇化为引领，以生态空间山清水秀、生产空间高效集约和生活空间优美宜居的"三生共生"理念为建设目标，以点轴模式、组团结构为城镇空间优化战略，依托汉江黄金水道和铁路、公路交通干线，引导和推进城市群、城镇带的形成和发展。按照功能互补、集约高效、特色鲜明、疏密有致的原则，加快形成襄阳为中心，以十堰、荆门、孝感、随州、仙桃、潜江、天门、南阳、商洛、安康为节点，以中小城镇为支撑的城镇空间发展格局。

### 一、进一步壮大区域性中心城市，提升城市辐射带动能力

汉江生态经济带中各大城市基本远离我国经济增长中心，也远离特大城市，处于关中—天水经济区、中原经济区、长江中游城市群和成渝城市群辐射的薄弱区域，因此，汉江经济带中的各地级城市基本担负着带动周边地区发展的重任。需要在进一步壮大区域性中心城市规模的基础上，不断完善城市功能，建设新型城市，提升城市辐射带动能力，引领区域经济发展。

积极培育襄阳、十堰、随州、孝感、荆门、南阳、商洛、安康等都市圈。充分发挥襄阳的汉江流域中心城市作用，不断提升其经济实力和综合竞争力，

加快建设武西客专、扩建襄阳机场和襄阳新港，打造区域性、流域性综合性交通枢纽，扩大城市辐射范围，增强带动能力。

推动商（州）丹（凤）一体化、十堰市城区和郧阳一体化、孝（感）应（城）安（陆）一体化、荆（门）钟（祥）京（山）一体化，加强大城市与周边小城镇交通设施、市政基础设施和医疗文化体育设施对接，深入推进生态环境保护一体化建设，促进城市内部功能互补和联动发展。提升核心城区的带动功能，拓展区域性中心城市的发展腹地。强化中小城镇对农业转移人口的服务能力和吸纳能力。

### 二、形成襄阳与南阳合作联合体，增强省际城市合作能力

在发达国家，当经济中心城市发展到一定阶段，就会冲破行政区划，形成以发达的交通网络相连接，以统一的经济规划为标志，以城市之间功能互补为基础的单一型或复合型城市群连绵区，如"大巴黎都市区"、以纽约为核心的"波士顿都市区"等。这些城市群一旦形成，就会使中心城市的功能呈几何级数放大，对周边更广泛地区产生超强的带动能力，能够产生巨大的集聚经济效益。

就汉江生态经济带而言，虽然区域内各城市的能级、聚合度及影响力还不能和国内外的大都市相比，但是，随着经济实力和基础设施的逐步完善，汉江经济带中的多个城市间也已经具备了较好的区域合作条件。

特别是对区域中实力较强的襄阳和南阳而言，推进襄阳和南阳之间的合作意义更加重大，并且已经具备了较好的合作基础。一是襄阳和南阳的城市规模不断扩大，功能日益完善，又同为省域副中心城市，同处工业带动向城市化引领转化的阶段。二是作为城市群硬件和载体的交通网、电信网等"五网"发展迅速。襄阳与南阳之间拥有焦枝铁路、郑万铁路、郑渝高铁（规划）、二广高速和汉江的支流白河等畅通的交通网络。三是作为连通"节点"的地区性

中心城市大量兴起，带动周边次级中心城市及小城镇的快速发展。因此，应发挥襄阳和南阳各自的特色和优势，在经济发展、文化交流、旅游合作、产业交融等方面开展深层次的区域合作，形成区域合作的联合体。特别是在交通建设、汽车产业、新能源新材料应用、文化旅游、生态环境保护等领域实现融合互动，增强辐射能力，带动中部崛起。

**三、以城市组团推动跨地市的次区域合作，优化城镇化布局形态**

当前，城市组团发展已经成为我国城镇化的新动向，以城市组团的方式推动次区域合作，培育若干在空间上邻近连片、产业关联互补性强的城市组团，有利于城市间"承力借势"，提高资源和要素的配置能力，拓展发展空间，提升城市能级，促使城市蝶变升级，促进区域一体化进程。选择促进"丹河谷"组群、"天仙潜"组群等具备次区域合作基础的地区，打破行政边界的限制，促进分工协作、优化布局、错位发展，增强区域经济整体活力。

（一）促进"丹（丹江口）河（老河口）谷（谷城）"次区域合作

"丹河谷"，即丹江口市、老河口市和谷城县，已经具备了一体化组团发展的条件：①地缘相近的滨江城市。一衣带水，相互毗邻，丹江口、老河口、谷城三大城区相距不超过30千米，谷城、老河口主城区距离仅10多千米。随着南水北调中线工程的建设和汉江经济带在全国、全省地位的上升，三地相互的经济联系日益密切，目前已具城市群的雏形。②产业规模和结构相近，不会出现因结构性矛盾所形成的阻力。从经济总量看，"丹河谷"三地实力相当。2023年，老河口市GDP总量是443亿元，谷城县为490亿元，丹江口市为365亿元。从经济结构看，"丹河谷"三地工业占比相当，均在50%以上。其中，老河口市工业比重为52.8%，谷城县为59.4%，丹江口市为51.7%。从主导产业来看，"丹河谷"三地主导产业相近，优势互补。三地的主导产业均围绕着装备制造及汽车零部件、农产品加工、循环经济、生态旅游业展开。③已形成较为完备的交通条件。"丹河谷"区域已形成了高速公路、国道、铁路、港口、机场等要素齐备的立体化综合交通体系，汉丹铁路纵贯南北，襄渝铁路、汉十高速公路横穿东西，316国道、302省道穿境而过，西武客专、老宜高速公路将陆续兴建，为"丹河谷"组群发展提供了完备的交通基础。④已经具备实践基础。2013年，丹江口市、老河口市、谷城县三地正式签署了《加快构建"丹河谷"城市组群战略合作框架协议》。2014年，襄阳、十堰两市政府签署了《"丹河谷"组群建设汉江生态经济带开放开发先行先试试验区行动框架》。《湖北汉江生态经济带开放开发总体规划（2014—2025年）》已将"丹河谷"组群生态经济发展试验区纳入其中，《老谷丹城市组群协同规划》已由中国城市规划设计研究院编制完成并通过专家评审，旅游、产业发展和交通等专项规划也正在编制中，这为推进"丹河谷"次区域合作奠定了良好基础。

打造"丹河谷"组群发展，关键是要整合要素资源，统筹城乡发展，鼓励在体制机制上先行先试。①按照"五个先行"夯实发展基础。即坚持规划先行、坚持基础设施先行、坚持产业发展先行、坚持城市发展先行、坚持生态保护先行。特别是要优先实施一批交通内通外联工程，加快推进河谷大桥、302省道改扩建、丹（江口）老（河口）一级路、丹（江口）谷（城）一级路、武襄十城际铁路在此设站、汉丹铁路老河口东至丹江口段电气化改造等项目建设。②坚持产城融合发展理念。加快推进国家级循环经济产业园、国家区域性再生资源回收利用基地和丹江口国家级水资源开发利用产业园建设，做大做强汽车及零部件制造、农产品精深加工、再生资源利用、生态旅游等支柱产业，努力建设承接产业转移的示范区、经济转型升级的先行区。围绕把"丹河谷"组群建设成为汉江流域重要节点城市的目标，加快推进丹江口城西新区、老河口城南新区、谷城城北新区建设，推进三地相向发展。③在体制机制上探索创新。在市场决定机制、江湖湿地保护、生态补偿机制、城乡发展区域统筹、社会治理创新上先行先试，探索创新。

（二）促进"天（门）仙（桃）潜（江）"次区域合作，适时调整行政区划，打破行政壁垒对一体化的制约

"天仙潜"组群位于江汉经济带对接武汉城市圈的前沿区域，包括仙桃、潜江和天门三个省直管市。"天（门）仙（桃）潜（江）"要联合发挥区域比较优势，积极承接内外转移，崛起为汉江经济带东端的增长中心。

第一，加强重点城镇间交通基础设施建设，缩小区域城镇差异。第二，加强城市产业分工协作，合理引导生产要素跨区域流动。以各类经济开发区和工业园为载体，吸引人口和产业集聚，增强区域经济实力。在现有产业发展基础上，鼓励民营企业发展，大力发展县域经济和乡镇经济，推进新型劳动力密集产业集群的发育，吸引农村人口、承接回流外出务工人口。第三，加快构建综合交通体系。依托沿江综合运输通道建设，重点推进铁路货运支线和沿汉江港口建设，运筹天门通用机场建设，构建辐射江汉平原的天仙潜区域性综合交通运输枢纽。第四，适时调整行政区划。"天（门）仙（桃）潜（江）"一体化的最大障碍在于行政壁垒。不同行政主体的政策和制度往往存在冲突和矛盾，尤其是在地方利益和官员政绩等因素的驱使下，行政界线往往会成为束缚区域发展的主要原因。因此，应加快行政区划调整，将仙桃、潜江、天门合并为一个新的地级市。

### 四、根据区域差异，合理引导人口转移，积极推进农业转移人口市民化

人口转移是城镇布局的重要内容，坚持"以人为本"的原则，根据汉江生态经济区不同的区域特点，合理引导上游人口向下游转移、农村人口向城镇转移。

汉江中上游的商洛、安康、十堰等地区是重要的生态屏障和水源地，生态环境比较脆弱，保护生态环境是发展的重点任务。必须坚持生态保护与经济发展协调发展的原则，把减少上游地区农村人口作为推进城镇化的重点，尽可能

吸引他们到就近的城市和城镇就业或转移到中下游地区。第一，根据资源和环境承载力，合理确定上游地区城市规模，支持商（州）丹（凤）一体化，加快安康城区、十堰城区发展，推动"丹河谷"组群发展，提高对农村转移人口的吸纳能力。第二，特别是把居住在深山区等生态脆弱地方的农村居民吸引下来，就近或到中下游城市从事二、三产业，积极推进农业转移人口市民化。第三，依托口岸、旅游、矿产与生态资源，引导分散的人口向若干条件较好的地方集聚，培育新的特色城镇。加大对小城镇基础设施和公共服务设施的投入和扶持力度，扶持和鼓励特色经济和特色产业，提升产业化水平，以强化对农村人口的吸引力。例如，充分发挥保康县得天独厚的生态优势，构筑独具特色的山区城镇体系和特色产业体系，发展成为鄂西生态文化旅游圈的重要发展极点。

在汉江下游地区，积极发展襄阳、荆门、孝感、随州、"天仙潜"组群、南阳等都市圈，形成大城市与周边中小城镇协调发展的格局，提高城市对农业转移人口的吸纳能力。特别注重产城融合发展，引导企业向园区、园区向城镇集中，带动农村转移人口向城镇转移。全面放开建制镇和小城市落户限制，有序放开中等城市落户限制，逐步放宽大城市落户条件，逐渐将符合设定条件的农业转移人口转为城市居民，逐步消除阻碍人口转移的体制机制限制。

# 第六节　优化空间布局的建议与措施

## 一、加强组织保障，建立汉江生态经济带的管理机构

鼓励和支持汉江生态经济带建立市长联席会议制度，在条件成熟后建立国家级的汉江生态经济带的管理机构，强化管理体制机制的指导和引导职能。负

责对汉江生态经济带综合开发的顶层设计、建设实施和工作协调，解决区域内的重大问题，积极推进交通、旅游、工业、农业、生态、科技人才、投资等方面的合作。

## 二、建立健全合作机制，协调多方主体利益

加强区域内各行政区之间的信息共享、设施共建、市场共构、环境共保，构建特色突出、优势互补的产业合理分工体系；探索建立重大产业项目引进和建设，产业跨区域转移、产业配套协作、园区共建共享等方面的财税分成、节能减排等跨行政区利益分享和政绩考核机制；建立政策协同机制，逐步统一土地利用政策、税收政策等政策和招商服务标准；支持流域内企业联合重组，引进国内外先进技术，做大做强优势企业；借鉴广东省推进珠三角区域一体化的评价方法，建立跟踪评估制度，对各种一体化发展要素进行针对性的监测、检查、统计、分析、评价，提出进一步修改、发展和完善的建议。

## 三、进行必要的行政界线调整，有重点、有选择地培育新的增长极

释放汉江经济带中的城市发展潜力，选择发展基础较好，水资源承载能力高，有重点地选择若干个城市，采取加大政府资金投入力度、下放审批权限、支持基础设施建设等方式培育经济增长极。采取调整行政区划、创新管理模式、制定优惠政策等方式，支持经济增长极的发展。例如，支持仙桃、潜江、天门三市组群发展，支持天门工业园与仙桃跨江对接，促进天门市仙北区域与仙桃市城区的空间整合与一体化发展，建立城市跨区域发展机制。

## 四、推进汉江生态经济带整体发展

坚持交通先行，推进重大基础设施建设，加快丹江口大坝以下航道整治，加快西武高铁等重大交通运输项目建设步伐，建设一类航空口岸等，为经济带

的整体发展提供条件；推进产业梯度转移，实现科学布局，优势互补。实施流域资源利用、环境保护与产业开发联动；推进城乡建设联动、推进流域工业化和城镇化联动；制定好区域内产业用地规划，为产业布局和项目建设提供空间；加强与国家、省的衔接，争取设立区域综合开发协调机制。

**五、增强产业支撑，促进产城融合**

推动产业发展和城镇建设同步演进；充分发挥产业集聚、人口集聚的优势，科学配置生产、生活和生态空间，使产业布局与城乡居民点布局相匹配；围绕工业发展需求优化城镇功能，统筹产业区块和住房配套及公共服务设施、公园绿地、道路等设施建设，促进城镇的生产功能、消费功能、就业功能和服务功能的配套完善，实现城镇建设与产业发展的协调推进。

# 第八章 注重用"空间"思维解决生态问题：以长株潭城市群"绿心"地区为例

空间是一切事物发生、发展、存在的基础。"空间"思维在协调生态保护和经济发展中大有可为。随着我国城市化和工业化的快速发展，导致生态空间时常受到蚕食，快速城市化的城市群地区尤为突出，生态环境保护和经济发展的矛盾越来越突出，我国很多生态规划处于一种尴尬的弱势地位。本章以长株潭绿心地区为例，探索从空间的角度寻找"保护"与"发展"的平衡点，解决经济建设入侵生态空间而产生的冲突，以期对类似地区协调生态空间保护与经济建设起到一定的指导和借鉴作用。

生态文明建设要重视以"空间"的方法保护生态环境，特别是在三个方面：一是主体功能区建设，其中最重要的是生态保护区的建设。二是国土整治，包括防治水土流失、荒漠化、石漠化等问题。三是推进新型绿色城镇化，包括发展绿色交通、绿色建筑等。从更宏观的角度来看，应该从单纯关注城市建设区内部绿地系统向关注区域生态一体化拓展，将城市内部生态空间结构与城市外部的生态体系相结合，形成从城市到区域，多层次的空间管制结构。目

前，我国正处于城市化、工业化快速发展阶段，城市拓展迅速，生态环境压力
越来越大，特别是在快速城市化的城市群地区。因此，如何统筹生态保护和经
济发展的关系成为我国经济社会高质量发展面临的巨大挑战。我国人多地少的
基本国情使我国不能像欧美国家那样留出大片的绿地作为纯粹的生态用地。城
市化和工业化的快速发展又使生态空间时常受到蚕食，导致我国很多生态规划
处于一种尴尬的弱势地位。党的十八大报告提出建设"美丽中国"，"绿心"
作为城市系统主要的生态空间，有利于遏制迅速蔓延的郊区化趋势，有助于改
善人居环境、缓解城市热岛效应、涵养水源、保持水土、保护生物多样性等，
对城市有着生态、经济及社会学等多层重要意义，是我国生态文明建设和美丽
中国建设的重要载体。

　　作为我国最具典型代表性的城市群绿心，长株潭城市群生态绿心位于呈
"品"字形布局的长株潭三市中心，是长株潭城市群重要的生态屏障，也是长
株潭两型社会建设的重要标志，面积达 522.87 平方千米。长株潭城市群把绿
心地区作为长株潭"空间整合关键、功能提升依托、三市联系纽带"，极大促
进了长株潭城市群的绿色发展，有效提升了长株潭城市群的品质。总结和研究
长株潭城市群绿心保护的成功经验，凝练可复制、可推广的模式，对我国其他
城市群地区的绿色发展具有重要意义

# 第一节　长株潭城市群绿心概况、做法与成效

　　长株潭两型试验区在绿心保护和建设上真抓实干、创新发展，取得了明显
成效。

**一、编制"绿规、绿法"，引领和促进绿心建设**

湖南省和长株潭地区逐渐形成了高起点、多层次、全覆盖的规划体系，架构起科学完备的顶层设计，成为统揽长株潭绿心地区协同发展的行动指南。2003年，省政府编制了《长株潭城市群区域规划》。2007年，城市群被国家批准为"两型社会"建设综合配套改革试验区后，湖南省委、省政府进行顶层设计，再次明确要求创新发展"绿心"。2011年，《绿心总体规划》获省政府批准实施。2014年，湘潭市下发了《湘潭市对破坏绿心违法违规行为进行清理整治的工作方案》《关于对绿心地区违法违规行为进行整治工作任务的交办函》，并建立起了绿心地区违法违规行为查处的长效机制。

2013年，湖南省人大常委会颁布实施了《湖南省长株潭城市群生态绿心保护条例》，建立了区域规划法规体系。同年，湘潭市在全省率先出台了《关于落实长株潭城市群区域规划和加强生态"绿心"保护的若干规定》，完善和强化了绿心地区项目和区域性重大项目选址的审批流程，严格项目准入制度并实行目标责任制管理。

**二、推行"反规划"，划定绿心地区管制红线**

将绿心地区划分为禁止开发区、限制开发区、控制建设区三个层次，禁止、限制开发区占到总面积的89%，绿心禁止开发区面积占生态绿心地区总面积的50.4%。禁止开发区内以生态修复、生态服务为主，只能从事生态建设、景观保护、土地整理和必要的公益设施建设，严禁其他项目建设；开发区只能发展高端、低碳的第一、第三产业，禁止发展第二产业；控制建设区采取发展提升策略，以解决绿心禁止开发区内原住民的外迁、居住、生活和就业问题。

### 三、加大投入，增加生态产品

2012年，长株潭生态绿心地区森林覆盖率只有38.99%，比湖南省森林覆盖率平均水平低18.14%。为深入保护和建设绿心，长株潭三市通过植树造林、生态修复等方法加大生态保护力度，在建设用地极为紧张的情况下，长株潭城市群的森林覆盖率上升到55%。随着生态治理力度的加大，长株潭地区生态环境质量的明显好转。2014年，长株潭大气环境达标天数比2013年上升了7.2%。湘江干支流Ⅰ~Ⅲ类水质断面比例达到88.1%，比2007年提高了5.6个百分点。同时，长株潭人均公共绿地面积有所提升，人居环境得到了极大改善。其中，生态绿心的作用功不可没。

### 四、严格项目准入，发展两型产业

长株潭三市遵循设定产业门槛，积极清退污染企业，严格项目准入。绿心地区遵循第二产业退出原则，禁止第二产业进入禁止开发区与限制开发区，强制现有第二产业逐步退出；禁止发展污染工业、劳动和土地密集型的第二产业、高能耗产业、高密度房地产业等；针对第一、第三产业，设置严格的产业准入门槛，促进现有产业调整、改造、提质、优化和转型，强制不符合"两型"标准和产业定位的产业退出。

绿心地区充分利用自然生态资源优势，与周边产业错位互补，规划构建以生态服务产业为主导，文化创意、体育休闲、生态旅游产业充分发展，现代农业与现代服务业相互支撑，高新技术产业和生态宜居房地产业为补充，产业结构优化、发展方式集约、资源利用节约的绿色产业体系，建设成为国家"两型"产业示范区。

### 五、严格执法，保护绿心生态资源

绿心保护条例通过后不久，湖南省长株潭"两型社会"试验区建设管理委员会配合湖南省住房和城乡建设厅（以下简称湖南省住建厅）开展绿心地区已审批项目的自查与清理工作，严格执法，构建涵盖国土、水政、林政等部门的执法体系，共清理违法违规项目200余起。

# 第二节　长株潭城市群绿心面临的困难与问题

虽然长株潭城市群绿心保护和建设已取得不少成绩，但是，作为一种创新，必然面临着旧观念、旧体制、旧模式的阻碍和挑战。当前，长株潭城市群绿心面临着保护与发展、生态与生产生活关系如何处理，建设需求与生态保护需求、经济效益与环境效益如何协调等诸多矛盾。

### 一、经济建设无序，绿心面临被蚕食

自"绿心"被提出以来，长株潭三市之间的绿心隔离地带并没有得到控制，反而在迅速缩小。绿心地区地处长株潭城市群的中心，开发潜力较大，但伴随长株潭三市城市化进程的加速，受各自利益的驱动，三市城市空间快速无序向绿心蔓延，各类房地产开发、交通建设、产业项目不断侵蚀绿心地区，毁绿现象依然存在。如"楼宇经济"是绿心区内暮云镇的一张"名片"，各路开发商纷纷抢驻这块"宝地"。此外，京广铁路、长潭西高速公路、沪昆高铁等重要干线穿境而过，也在分割着"绿心"。

## 二、缺乏配套政策和资金，地方保护绿心积极性不高

目前，除了湖南省住建厅出台了绿心地区规划管理的政策措施，其他政策措施尚未制定或出台，致使市一级项目申报、资金筹措、出台保护细则等工作难以快速推进。围绕绿心保护，多元化、社会化的投融资体系尚未形成，而地方公共财政投入较低，公共财政支撑力度较弱，现行生态建设的相关政策，如生态效益补偿政策、植被恢复费政策、资源综合利用优惠政策等落实不到位。仅有的生态公益林补偿资金为 12 元/亩·年，价格偏低，"一亩林地还不及一根竹子的价值"，调动不了当地群众保护绿心的积极性，乱砍滥伐、毁林建坟、采砂采石等现象时有发生。

## 三、企业退出成本较高，地方财力难以承担

绿心地区落后产能及污染企业比较多，主要涉及高新区和昭山示范片区范围，企业退出成本高，难度大，因缺乏完善的补偿机制，单靠企业和市级财政无法承担企业退出成本。

## 四、行政分割严重，统筹协调管理困难

绿心保护的统筹机制不完善，虽然长株潭城市群已制定了一体化策略，但实际上仍旧是三个相对独立的行政区。三市之间缺乏统一的管理平台，缺乏区域间的联系沟通机制、平衡发展共同保护机制、基础设施共建共享机制，统筹管理与利益均衡难以实现。由于三市之间没有形成相应的联席沟通机制和共同治理机制，往往是出现问题后才协调解决，导致绿心地区基础设施项目建设标准不统一、时序不同步、行政区域阻隔等诸多问题。绿心地区日益成为三市利益与矛盾集中的地区。

# 第三节 促进长株潭城市群绿心保护和发展的对策与建议

针对绿心保护中存在的问题，基于绿心地区的特殊职能，必须通过改革创新，完善机制，促进绿心由"被动保护"向"主动保护"转变。

## 一、建立统筹协调机制

建立省级统筹、三市协调联动、县区乡落实的体制机制。尽快编制出台绿心地区控制性详细规划。加快规划立法，进一步提升规划的权威性，强化规划实施的法制保障。定期执法监督检查，强化规划落地的法制保障。成立长株潭生态绿心保护委员会，建立联席会议制度。通过协商统一部署和推进三市在绿心地区的规划布局、基础设施、生态项目、环境保护等方面的战略合作。

## 二、建立生态补偿和企业退出机制

建立"政府引导、市场推进、社会参与"的多元化投融资体系，运用市场化机制，鼓励和支持社会资金投入绿心建设。一是建立生态绿心效益补偿办法。争取将长株潭城市群绿心地区纳入全国重点生态功能区生态补偿范围，在财政转移支付资金上予以支持，主要用于绿心地区环保基础设施建设。加大生态保护和修复投入力度，明确补偿办法，根据财力状况逐步提高生态公益林补偿标准。建立绿心地区环境治理和运行维护专项经费，完善相关奖励机制，有效带动当地居民和社会力量对绿心保护的积极性。二是建立绿心地区企业退出激励办法。通过政策扶持、资金奖补等手段，积极帮助绿心地区合法工业企业

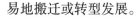

易地搬迁或转型发展。

### 三、构建常态化的公众参与监督机制

绿心保护和建设是一项长期性、艰巨性、复杂性的工作。要加强舆论宣传，运用多种宣传渠道和形式，大力宣传绿心保护与生态文明的重大意义、目标任务、政策措施和进展成效等，向当地群众宣传相关政策法规和生态低碳产业发展规划，将绿心保护转化为公民的自觉行动，从源头上缓解绿心保护的压力。进一步完善监督机制，充分发挥各级人大、政协、基层社会组织、社会团体以及公众的监督作用，为绿心保护提供重要保障。

### 四、建立绿心地区差别化考评考核办法

建立绿心保护目标责任考核机制，实行目标管理，严格考核评价。进一步强化绿心地区生态文明类考评考核指标及其权重，弱化经济发展类的指标考核。将相关评价指标纳入领导班子和领导干部综合考核评价体系，把考核结果与干部选拔任用、财政转移支付、生态补偿资金安排结合起来，考核结果作为奖惩的重要依据，让生态绿心地区保护考核由"软约束"变成"硬杠杠"。

### 五、加大执法力度和处罚力度

坚持"依法依规、行业归口、属地管理"的原则，对违反环境保护法规和不符合绿心地区环境保护指标要求的生产企业进行严格执法。加强绿心地区环境监控，对发现的违法违规行为，根据有关规定，按照属地原则由所在县（市、区）、示范区进行执法处理，加大对违法违规行为的处罚力度。对重大问题、突发事件要建立联合执法机制，由三地市开展联合检查和执法。

# 第四节　长株潭城市群绿心保护和发展的启示

要结合其他手段共同推进。基于绿心地区的特殊职能，必须实现从"被动保护"到"主动保护"的思维转变，要按照谁开发谁保护、谁破坏谁恢复、谁受益谁补偿原则，确定生态补偿主体和对象。

## 一、科学推进顶层设计，坚持规划的引领和统领地位

长株潭城市群绿心保护的经验表明，只有以科学的顶层设计和强化规划有效执行为重点，才能确保绿心保护和建设顺利推进。通过科学规划可以达到两个目的：一是将民主编制规划和实施方案作为形成共识、加强协调的过程；二是通过规划协调各方关系，摆脱不同地区的利益掣肘，实现重大项目协调推进、共同行动。

## 二、实行保护性开发，促进绿色产业发展

我国应处理好绿心保护与经济发展的关系，应当充分借鉴长株潭城市群绿心的经验，坚持保护与开发并重的原则，以生态环境承载力为基础，完善产业退出机制，制定绿色产业准入标准，推动产业绿色转型，实现保护性开发。

## 三、建立健全责任体系，细化和明确任务分工

一些生态环境规划处于较尴尬的弱势地位，规划执行不力的一个重要原因是责任主体不明确，任务分工不清晰。长株潭的经验表明，要使绿心保护工作真正落到实处，必须明确绿心保护的责任主体，建立绿心地区三级责任体系，

明确任务分工，建立考核机制，并设立更高级别的领导协调机构，同时严格责
任追究制度。

### 四、政府主导社会参与，发挥多方面积极性

目前，我国多数地方政府财力有限，生态建设和环境保护单靠政府投入往
往力不从心。长株潭的经验充分表明，在绿心保护与发展中，一方面要积极发
挥政府的作用，另一方面要引导全社会参与。政府通过规划引导、政策扶持等
措施，加大对生态环保基础设施的建设和投入，推动绿心地区的产业转型和绿
色发展。同时，加强宣传教育，积极引导全社会参与绿心保护和建设，引导社
会资金投资绿心，引导企业转变生产方式，引导人民群众改变生活方式。此
外，要探索开放合作机制，充分发挥各市区县的积极性。营造全民参与、各级
政府配合的全社会保护和建设绿心的良好社会氛围。

# 第九章  统筹推进哈长城市群生态共建环境共治

  哈长城市群是国家"十三五"规划纲要提出的重点建设的 19 个城市群之一，经过 30 多年的开发，哈长城市群的生态环境已十分脆弱，需要按照生态文明和主体功能区建设总体要求，统筹推进哈长城市群生态共建环境共治，共筑城市群生态空间格局，构建城镇群外部生态屏障和内部生态廊道及生态空间。推进重点领域环境污染治理，完善环境保护管理制度，促进哈长城市群联防联控加强环境污染整治。建立跨区域环保应急防控体系、生态文明建设考评制度和生态文明公众参与制度，推动形成人与自然和谐发展的绿色生态城市群。

  哈长城市群包括黑龙江省的哈尔滨市、大庆市、齐齐哈尔市、绥化市、牡丹江市，吉林省长春市、吉林市、四平市、辽源市、松原市、延边朝鲜族自治州。核心区面积约 5.11 万平方千米，人口约 2000 万。哈长城市群应以"创新、协调、绿色、开放、共享"五大发展理念为导向，着力开展生态环境保护合作。经过 30 多年的开发，哈长城市群的生态环境已十分脆弱，森林和湿地面积萎缩、功能减弱，草原沙化、碱化、退化严重，黑土层瘠薄，化肥农药滥用，哈长城市群的生态整治迫在眉睫。因此，需要按照生态文明和主体功能区建设总体要求，正确处理发展与保护之间的关系，牢固树立绿水青山就是金山银山的理念，进一步加强资源管理和生态环境保护，以生态环境保护和发展循环经济、促进节能减排增效为重点，实现经济社会可持续发展，维护区域生态安全，让哈长城市群的天更蓝、山更绿、水更清、人居环境更优美。

# 第一节　共筑城市群生态空间格局

落实国家和省主体功能区规划，依据重点开发、限制开发、禁止开发区域框定的功能框架，按照城镇群外部生态屏障、城镇群内部生态廊道和城市内部生态空间三个层面，构建哈长城镇群生态空间格局。

## 一、构建城镇群外部生态屏障

在哈长城市群的外部区域构筑以大小兴安岭和东南部山地森林、松嫩平原为重点的生态功能区，加强生态保护与修改，形成生态系统优良的区域生态格局。恢复和加强松嫩平原湿地的生物多样性功能，发挥湿地的调蓄洪水、调节气候等环境调节作用和生态效益。

## 二、打造城镇群内部生态廊道

以水系、山脉、公路绿道为骨架，以山、林、江、田、湖等为要素，构建复合型的城市群生态网络。有效保护并合理利用城镇群交界的相向地带，增强其作为城市群"绿肺"的生态功能。依托松花江、嫩江等水系，以及山体山脉、农田等，加上主要交通干道和铁路两侧的绿化隔离带建设，形成稳定和健康的网络状的生态廊道。

沿道路城市群生态廊道以哈大线、滨绥线等主要铁路以及公路为轴线，以哈大齐绥城镇组团、吉林中部城市组团为核心，集聚形成城市化、工业化为特色的城市景观风貌组群。依托现有各级交通路网构建起高度连通的生态廊道网络体系，通过建设城市群交通线路两侧的绿化带，沟通城市外围自然生态向城市延伸，以打通生态网络联系，避免生态破碎化。

沿江城市群生态廊道以松花江、嫩江等主要河流为轴线，在保护河流及其沿岸地带的自然前提下，开展沿江水系景观带建设，合理规划滨河绿带、坝、堤和人行系统，实施流域治理，共同打造沿江两岸的绿色生态廊道，提高廊道体系对水文变化的应对能力、对水质的净化能力及对水量的调蓄能力，构建河流与居民点之间的生态缓冲空间，进一步保障人居环境的生态安全。

### 三、扩大城市内部生态空间

合理划定城市生态保护红线，扩大森林、湖泊、湿地等城市生态空间，因地制宜地做好环城路、主干道、滨水路等绿化带和城市出入口的景观整治及园林绿化工作，打造环境优美、群落分明、色彩丰富的城市绿色生态廊道。

#### （一）划定生态保护红线

科学划定对区域生态安全有重要意义的生态空间，主要是严格划分并保护自然保护区、风景名胜区、森林公园、地质公园、重要湿地和重要水源地六种类型生态红线保护区，规划占城市群总面积的1/5，包括由国家划定的生态红线保护区和由黑龙江、吉林两省划定的生态红线保护区。

加强对生态红线区域的管理，实行严格的管控措施，禁止开展与保护生态无关的开发建设活动。二级管控区以生态保护为重点，严禁开设与生态保护区保护方向不一致的参观、旅游项目，不得建设对生态环境有污染的生产设施；

限期治理污染排放超标的建成设施，对已造成的伤害必须及时采取补救措施。

对自然保护区、风景名胜区、森林公园等实行差别化的管控措施。例如，对自然保护区禁止砍伐、开垦、捕捞、开矿烧荒等活动，从核心区域开始，逐步转移自然保护区人口。对森林公园禁止毁林开垦、毁林采石、采砂、开矿、采土、放牧以及非抚育性和更新性采伐行为。根据资源环境容量对风景名胜区的旅游规模进行有效控制。严禁向重要水源地排放含持久性有机污染物以及其他含重金属、化学试剂污染物，禁止堆置和存放工业废渣、城市垃圾和其他废物等。

（二）增加城市内部绿地量

结合城市中自然山水骨架特征，充分利用适宜绿化生长的优势条件，拓展城市绿地规模，全面推进城市园林绿化及人居生态环境建设，做到非建设用地和可造林地绿化全覆盖。采取屋顶绿化、垂直绿化等多种绿化形式，提高绿地率及环境质量。在城市河流两侧建设带状绿地，增加滨河防护绿地层次感，局部地段可拓宽形成点状绿化空间，形成开敞的、生态的城市滨水控制区。完善道路绿化，形成沿道路两侧的景观绿廊，合理分配居住绿地，新建公园、广场绿地，对老城区推行拆违建绿、拆墙通景。科技兴绿，建立绿地信息管理系统，科学管理城市绿地生态。

（三）扩展城市绿地多样性

打造以自然山水为依托，林地、农田为基础，园林绿地为重点的多样化城市绿地生态系统，将公园、广场绿地与道路、河道共同构筑成连续的绿色开放空间。严格保护苗圃、花圃等生产用地以及城区内高产农田，遵循以乡本地优势树种为主，适当引进外来树种，丰富城市绿地系统多样性。合理拓建防护绿地，促进城市防护及自然生态平衡，重点实施城市内河道两侧的防护树木建设，打造绿色廊道工程，形成集体和谐、特色鲜明的城市风貌和景观。合理布局与建设附属绿地，满足道路、居民区绿地率的基本需求，形成点、线、面相结合的绿地空间，并与城市绿地系统相衔接。

（四）均衡城市空间生态布局

优化重组城市内部生态节点、生态廊道、生态斑块等生态功能区，维护景观生态格局的连续性。坚持以公园、小游园、街旁绿地、广场绿地或植物园、专题公园等大面积集中绿化为中心，道路绿化及沿河绿带为网络，居民小区及单位中的空闲地绿化为基础，疏解密集建成区，真实增加公共绿地面积，均衡规模绿地服务盲区，实现市民享受公共绿地资源的公平性和可达性。构建布置均匀，网络结构合理，生态环境优良，景观特征明显，城景关系协调的城市空间格局。

（五）提升城市生态质量

依法划定城市各类绿地的绿线范围并实行严格监管，加强水源地的监测，实施环湖截污、环湖生态等工程措施，保护城市内部河流、湖泊，在其外围建设 30 米以上缓冲区并形成城市绿带。维护湿地系统的生态平衡与保持生物多样性，提升湿地在城市建设中的生态、经济和社会效益，提升城市生态质量。加强城市群生态保护区内典型生态城市发展建设，依照标准打造国家生态园林城市。

# 第二节　联防联控加强环境污染整治

## 一、推进重点领域环境污染治理

（一）水污染防治

加大重点流域和湖泊的水污染防治力度，完善城镇污水处理设施，有效控制农业面源污染和工业污染，加快改善界河河流水质环境。加强松花江、牡丹江、嫩江、绥芬河和穆棱河等流域的综合治理，提高流域的区域水环境，完善城镇和工矿企业污水处理设施。在工业园区推行清洁生产和污水集中处理，鼓励城镇开展中水回用再利用。加强镜泊湖等湖泊周边的污水处理，严格控制胡泊污染。

（二）加强大气污染防治

加强有害气体和工业烟粉尘的减排力度。推广城镇集中供热和热电联产，实施城市燃气工程，提高机动车排放标准，加强城市扬尘综合管理。鼓励和推广清洁生产技术的应用，如在热力行业推广脱硫和低氮燃烧等清洁生产技术，在电力行业推广低氮燃烧、脱硫、脱硝、高效除尘等清洁生产技术。加强秸秆综合利用，帮助生产企业解决原料后顾之忧，合理确定生产半径。

（三）固体废物综合利用

按照"减量化、再利用、资源化"的原则，提高对建筑垃圾、煤矸石、粉煤灰等大宗固体废弃物的综合处理能力，探索固废改造再利用。完善城镇垃圾收运系统，加快完善城镇垃圾处理厂建设。推广大宗固体废弃物利用先进适用技术，加强城镇建筑渣土和餐厨废弃物管理和综合利用。加强危险废弃物全过程管理，特别是建设医疗废弃物、废弃电器电子产品的无害化集中处理中心。鼓励对废旧轮胎及废钢铁等再生资源的回收利用。


二、完善环境保护管理制度

（一）严格环境准入

依法全面推进规划环评，建立环保与各职能部门的联动机制，推动规划环评早期介入，与规划编制互动。将污染物排放总量指标作为建设项目环评审批的前置条件，实施严格的新增污染排放项目总量前置审核。建立区域、流域、城市环境影响评价审批信息通报制度。

（二）建立污染物产生和排放强度"双约束"制度

研究建立漂染、造纸、糅革、电镀、发酵、建材等重点行业的单位产值（产品产量）污染物产生和排放强度的综合评价体系，建立企业污染防治的倒逼传导机制。对工业锅炉、建材、石化、漂染、电镀等重污染行业实施更严格的污染物排放标准。

（三）完善落后产能淘汰机制

鼓励各地结合自身实际，不断提高淘汰标准、扩大淘汰产品和工艺范围。建立和形成政府主导，相关职能部门参与的部门联动机制，综合运用价格、环保、土地、市场准入等手段予以推进。制定落后产能退出的财政奖励、转型后土地使用权出让、贷款贴息、税收优惠、生产配额和排污权交易等经济激励或补偿政策，鼓励重污染企业主动退出。

### 三、建立污染防治联动机制

（一）搭建环境监测一体化平台

构建区域一体化环境监测网络，推进大气、水质、生态、土壤、地下水、核辐射环境质量监测网络建设，实现监测点位的全面化与监测领域的全覆盖。建立健全环境监测质量管理制度，加强环境监测全程序质量控制，统一环境监测技术体系，强化区域环境监测数据与评价结果的可比性，完善区域环境质量评价体系。提高信息共享水平，实现城市间、部门间环境信息资源共享。

（二）推进环境预警应急响应和执法联动化

建立一体化应急监测、预警移动平台及空气质量预报预警平台。健全哈长城市群环境事故应急处理的协调联动机制，对区域应急监测实行统一指挥协调、资源统一调配、数据统一管理。建立哈长城市群跨地市的联合执法机制，联合查处跨区域的环境问题和污染纠纷，重点打击行政区边界地区的环境违法行为。统一区域环保执法尺度，建立统一的环保行政案件办理制度，规范环境执法程序、执法文书。

# 第三节　对策建议

## 一、建立跨区域环保应急防控体系

加强应急监测体系的自动化、立体化水平，提高应急指挥综合反应能力。

特别是在大气、水质、噪声等重点领域建立自动监测预警系统，提高对重大环境风险源的动态监控与风险预警能力。在城市群区域建立跨行政区的环境污染事故通报和联合处置机制，加快完善重大环境事故的跨区域通报、调查、处理、监督机制，在队伍建设、指挥协调、装备配置、信息平台等方面加强统筹协调，提高应急处理的速度和水平。

## 二、完善生态文明建设考评制度

建立体现不同主体功能区特点和生态文明要求的党政领导干部政绩考核办法，突出经济发展质量、能源资源利用效率、生态建设、环境保护、生态文化培育、绿色制度等方面指标。把资源消耗、环境损害、生态效益纳入评价体系，加大生态环境等指标权重，建立体现生态文明要求考核办法、奖惩办法。

## 三、积极引导公众参与生态文明建设

积极宣传引导，加强民众的生态文明意识，提倡全民形成绿色低碳的生活方式和消费理念。积极完善公众参与的环境决策平台、环境监督平台和环境司法救助平台。积极发挥民间环保公益组织的作用。积极建立全民参与、各级政府配合的全社会参与机制，调动各方面积极性，不断加强政府合作、政企合作、区域合作。加强宣传教育，积极引导全社会参与，探索通过 PPP 模式，积极引导社会资金投入生态建设。

# 第十章  新发展格局下推进绿色丝绸之路建设的思路与举措

中国在"一带一路"倡议的实践中始终秉持绿色发展理念，积极推进绿色丝绸之路建设。在新发展格局背景下，国内外形势正在发生复杂深刻变化，给建设绿色丝绸之路带来了新挑战，也提出了新要求，绿色丝绸之路建设要不断向更加绿色、更具可持续性、更具包容性的方向迈进，进一步突出生态文明理念，以低敏感领域和重点领域合作为撬动点，持续深化绿色基建、绿色能源、绿色交通等领域合作，推动绿色产业合作、深化绿色发展伙伴关系，加强绿色金融体系建设和积极推动适用性绿色技术的开发与应用，并从平台、人才、机制等方面夯实绿色丝绸之路建设的保障措施，助推绿色丝绸之路高质量发展。

"一带一路"倡议提出以来，我国把绿色发展理念融入"一带一路"建设的各领域。2016年6月，习近平主席在乌兹别克斯坦发表题为《携手共创丝绸之路新辉煌》的重要演讲，正式提出携手打造"绿色丝绸之路"。我国先后发布了《关于推进绿色"一带一路"建设的指导意见》《关于推进共建"一带一路"绿色发展的意见》等，把绿色发展理念贯穿于与共建国家合作的全过程。"绿色丝绸之路"是解决全球可持续发展问题的中国方案，是以生态文明理念促进共建"一带一路"国家和地区生态环境保护合作的绿色愿景。

# 第一节　绿色丝绸之路建设取得的主要进展

我国在绿色基础设施建设、绿色贸易、绿色技术、清洁能源、绿色金融等领域采取了一系列举措，取得了显著的成效，绿色已经切实成为共建"一带一路"倡议的鲜明底色。

## 一、搭建对话和沟通平台，凝聚绿色发展国际共识

为切实推进绿色丝绸之路建设，我国积极与相关国家深化多双边对话、交流与合作，搭建了一系列以绿色丝绸之路建设为主题的政策对话和沟通平台，推进与重点国家和地区的环境合作。

在全球多边层面，巩固了与联合国工业发展组织、联合国环境规划署、联合国开发计划署、世界银行、二十国集团、金砖国家等国际组织合作关系，并通过开展联合研究项目、人员交流与培训、环保国际合作与学术交流等形式，广泛开展多边环保合作，构建环境与发展全球合作网络。2016 年，为落实国家领导人的倡议，做好绿色丝绸之路的生态环保支撑，中国—东盟绿色使者计划正式升级为绿色丝路使者计划。同年 12 月，中国与联合国环境规划署签署了《关于建设绿色"一带一路"的谅解备忘录（2017—2022）》。2019 年 4 月，第二届"一带一路"国际合作高峰论坛绿色之路分论坛上，"一带一路"绿色发展国际联盟（以下简称绿色联盟）正式成立，为"一带一路"绿色发展合作打造了政策对话和沟通平台、环境知识和信息平台、绿色技术交流与转

让平台，绿色联盟已有来自 40 余个国家的 150 多家合作伙伴，包括 26 个共建国家的环境主管部门。通过政策对话、联合研究、知识共享、技术交流和能力建设等活动，促进实现"一带一路"绿色发展国际共识、合作和一致行动。2019 年，"一带一路"生态环保大数据服务平台正式启动，为政府和企业对外投资合作提供决策支持。目前，大数据平台汇集 30 多个共建国家的基础环境信息、管理体系、法律法规和标准等，以及 30 多个国际权威平台公开的 200 余项指标数据，完成全球大气环境、生物多样性、水资源和水环境等专题指标数据的集成。2021 年 6 月，中国与 28 个国家在"一带一路"亚太区域国际合作高级别会议期间，共同发起"一带一路"绿色发展伙伴关系倡议，倡导把绿色发展放在突出位置，在绿色基建、绿色能源、绿色金融等领域打造合作亮点。在双边合作领域，中国与 31 个共建国家共同发起"一带一路"绿色发展伙伴关系倡议，与 32 个共建国家共同建立"一带一路"能源合作伙伴关系。重点推进了与法国、德国、意大利、俄罗斯、蒙古国、新加坡、柬埔寨等国家的环境合作，加强生态环境保护和应对气候变化战略对接，共同推动基础设施、国际贸易、金融服务等领域合作的绿色化。2023 年 10 月 17~18 日，在北京举行了第三届"一带一路"国际合作高峰论坛，论坛主题为"高质量共建'一带一路'，携手实现共同发展繁荣"。论坛不仅是为纪念"一带一路"倡议提出 10 周年的活动，也是各方共商高质量共建"一带一路"合作的重要平台。

### 二、政策体系不断完善，推进绿色丝绸之路迈向制度化轨道

绿色丝绸之路实施以来，我国出台了一系列政策措施，强化绿色丝绸之路的制度保障和政策措施，鼓励和引导企业在"一带一路"建设过程中践行绿色发展理念，积极履行环境保护社会责任，严格保护生物多样性和生态环境，促进了绿色丝绸之路建设。

共建"一带一路"倡议自提出伊始，就在顶层设计中将生态环境保护置于重要位置。2015年3月发布的《推动共建丝绸之路经济带和21世纪海上丝绸之路的愿景与行动》，明确提出要突出生态文明理念，加强生态环境、生物多样性和应对气候变化合作，共建绿色丝绸之路。之后又陆续出台了一系列政策措施，推动落实共建"一带一路"的绿色责任和绿色标准。2016年11月发布的《"十三五"生态环境保护规划》，多次提及"一带一路"并专门设置了"推进'一带一路'绿色化建设"章节。2017年4月发布的《关于推进绿色"一带一路"建设的指导意见》，提出未来10年的可持续发展目标。2017年5月发布的《"一带一路"生态环境保护合作规划》，为落实上述文件提供了路线图。2021年7月印发的《对外投资合作绿色发展工作指引》，推动了对外投资合作绿色生产和经营。2022年3月发布了《关于推进共建"一带一路"绿色发展的意见》。2023年10月，第三届"一带一路"国际合作高峰论坛期间，发布了《"一带一路"绿色发展北京倡议》《绿色发展投融资合作伙伴关系》《中亚区域绿色科技发展行动计划》。

### 三、绿色基础设施建设成效显著，强化生态环境质量保障

近年来，我国加大对共建"一带一路"国家和地区的重大基础设施建设项目的生态环保服务力度，中国企业承建和设计"一带一路"项目时，在促进当地经济发展的同时，充分考虑生态因素，实施了一批绿色、低碳、可持续的基础设施项目。例如，参与投资建设哈萨克斯坦谢列克风电场、塔尔首个绿色太阳能光伏项目阿尔卡萨光伏电站等一大批清洁能源项目。肯尼亚蒙巴萨—内罗毕铁路成为一条绿色之路，蒙内铁路在设计和建设中多管齐下，采取优化线路、设置一定数量的野生动物通道、设置隔离栅栏等措施，尽最大努力做好野生动物保护。可再生能源项目是绿色"一带一路"建设的重要内容，以太阳能、风能和水电等可再生能源项目为代表的"一带一路"绿色能源设施建

设加速推进。例如，我国先进的风力发电技术已经惠及南亚、东南亚、非洲 30 多个国家，这些国家每年的风力发电量达到 66 亿千瓦·时，相当于减少二氧化碳排放量 1000 多万吨。

**四、绿色金融加快发展，夯实绿色丝绸之路资金支持**

我国政府加快构建绿色金融体系，深入参与国际合作，支持发起"一带一路"绿色投资原则，积极推动"一带一路"投资绿色化，助力共建"一带一路"国家和地区实现可持续发展，打造绿色丝绸之路。近年来，我国金融机构将更多全球资金配置到相关绿色项目，为建设绿色丝绸之路提供资金支持。我国倡导成立的亚洲基础设施投资银行、金砖国家新开发银行积极推进绿色信贷，发展低碳环保项目。亚洲基础设施投资银行（以下简称亚投行）将绿色基础设施列为四大业务重点领域之一，截至 2023 年 10 月 10 日，亚投行已累计批准 236 个项目，累计批准融资总额 450 亿美元。2022 年，亚投行气候融资占比达到批准融资总额的 55%。金砖国家新开发银行关注的核心在可再生能源领域、生态系统恢复、供水、灌溉系统重组和节能等领域，可持续基础设施建设占新开发银行项目的 2/3 左右。同时，我国越来越鼓励国际和国内商业银行为"一带一路"建设项目提供融资，并推出绿色融资倡议，以推动金融机构转向支持低碳项目。

# 第二节　绿色丝绸之路建设面临的新形势新挑战

尽管绿色丝绸之路建设成效显著，但由于相关国家国情千差万别，绿色发展基础不一，加之自身能力和国际竞争因素，我国在推进绿色丝绸之路建设中仍面临着诸多挑战。

**一、相关国家生态薄弱和环境问题严重增加了推进绿色丝绸之路建设的复杂性**

共建"一带一路"国家和地区的生态较为脆弱，丝绸之路和地区的区域资源环境情况复杂多样，生态系统脆弱，同时经济发展存在诸多资源环境问题。环境准入门槛较低，发展需求大于环境需求。各国生态发展水平不同，亟待解决的环境问题不一，导致各国的绿色发展需求不尽相同，也增加了推进绿色丝绸之路建设的复杂性。其中，蒙古、中亚、西亚和北非都属于半干旱和干旱地区，土地面临严重的沙漠化和盐碱化；东盟和南亚部分国家人口快速增长、城市无限扩张、工业化进程加快、商业开发过重等因素加重了该地区的生态环境压力，同时雾霾锁城、污染排放等问题严重。此外，绿色丝绸之路建设对国际和平发展环境、国际交流水平和对接程度的要求较高，作为绿色丝绸之路主体的政府、企业、公众等，在统筹发展的经济性、环境性和效率性等方面还存在一定差距。与欧美等发达国家在全球环保产业技术积累、市场份额占比相比，我国环境产业核心竞争力仍存在不足。

**二、传统工业化发展模式垫高了绿色丝绸之路建设的成本**

共建"一带一路"国家和地区普遍经济发展水平不高，实现工业化任务艰巨，但是在工业化进程中对传统的粗放型发展模式有着高度依赖，资源消耗重、污染排放大、产业结构低，为摆脱贫困问题迫切追求经济的快速增长，忽略了经济发展质量的提升和可持续发展能力。《经济日报》数据显示，2020年，共建"一带一路"国家和地区的单位 GDP 能耗比经济合作与发展组织（以下简称经合组织）国家高 40%~50%，单位 GDP 二氧化碳排放比经合组织国家高 80%，石化能源消耗占比和石化能源发电占比仍居高不下，共建"一带一路"国家和地区的绿色转型发展与碳中和目标仍然任重道远。共建"一带一路"国家和地区多缺乏绿色经济发展的顶层设计，绿色发展激励不足，绿色技术和绿色管理水平低下，绿色投资和绿色金融体系发展滞后，加大了绿色丝绸之路建设的发展成本。

### 三、中国自身绿色开发能力的不足制约了绿色产业国际投资和绿色技术国际输出

尽管中国企业在绿色丝绸之路建设中开展了诸多尝试，但绿色投资仍然处于起步发展的初级阶段，尤其是众多中小企业对东道国绿色发展环境不了解，信息不对称，对其绿色市场需求、行业标准、绿色技术发展水平、环保制度与法规不熟悉，企业在绿色投资合作方面的人才储备不够，开拓绿色丝绸之路市场能力不足。此外，我国绿色丝绸之路建设项目与国际标准仍存在一定的差异。"一带一路"建设合作重点的基础设施建设领域环境敏感度相对较高，有关项目开发建设面临相当的环境风险，而中国环保标准又缺乏国际认可，在环境标准、规则等之间的对接（融合）过程中，标准滞后已对国内产业"走出去"形成一定制约。"走出去"更多的是适应国际市场的环境标准要求，较少推广自身的相关标准，更少主动参与和主导国际标准的制定。并且，中国企业在绿色发展、绿色技术和产品方面国际宣传不够，缺乏有效的信息沟通平台，在"一带一路"建设的基础设施项目开发过程中，我国相关企业与东道国利益攸关方、当地非政府组织、社区公民存在沟通不足的现象，使相关国家对我国绿色发展成果不够了解，绿色市场对接不畅，制约了我国绿色产业国际投资和绿色技术国际输出。

### 四、与发达国家的绿色竞争形成激烈的产业和市场碰撞

中国作为最大的发展中国家，积极推动全球可持续发展和气候治理，得到

国际社会的广泛赞誉和支持。然而，我国在绿色发展和全球环境治理中所发挥的制度构建影响力与世界第二大经济体的地位并不匹配。"碳循环经济""碳中和"等重要发展概念都是由其他国家率先推出的，发达国家一直占据世界技术的前沿，在绿色环保领域亦是如此。近年来，发达国家日益重视在绿色发展领域的全球话语权，不断输出绿色科技、环保产业和生态标准，力图占领绿色道德、技术和产业的制高点。当前，发达国家也在加大对"一带一路"建设区域清洁能源的投资力度。如欧盟不断增加对印度、南非等国清洁能源投资，并致力于与撒哈拉以南非洲地区建立以生物质能为主的能源伙伴关系。日本聚焦与东南亚、南亚国家在新能源、生物工程、节能环保等领域的产业和技术合作。这势必与我国推动绿色丝绸之路形成激烈的产业碰撞和市场竞争。欧美国家始终视气候变化问题为占据未来产业和贸易规则制定的主导权关键举措，主张制定更高的环保标准，限制我国在共建"一带一路"国家和地区投资和建厂，给绿色丝绸之路建设带来一定干扰和压力。总体来看，我国在绿色丝绸之路建设进程中，虽然通过双边合作条约将绿色治理纳入制度框架体系，但仅停留在原则性层面，具体的绿色制度不够细化，在国际影响力和话语权上常处于弱势地位。

## 第三节　绿色丝绸之路发展方向和思路

2023 年 10 月 18 日，习近平主席在第三届"一带一路"国际合作高峰论坛开幕式上发表主旨演讲，明确提出促进绿色发展，中方将持续深化绿色基建、绿色能源、绿色交通等领域合作，加大对"一带一路"绿色发展国际联盟的支持，继续举办"一带一路"绿色创新大会，建设光伏产业对话交流机制和绿色低碳专家网络，落实"一带一路"绿色投资原则。这为绿色丝绸之路发展提供了根本遵循。

## 一、更加突出生态文明理念

共建"一带一路"国家和地区的生态环境敏感而脆弱，既有迫切的发展需求和巨大的发展潜力，也拥有复杂的地理条件，部分区域生态环境脆弱，发展与环境之间的压力很大。若处理不当，可能会带来严重的生态环境问题或者面临巨大的环境风险以及当地社区的强烈反对，不但会导致项目建设失败，而且会给"一带一路"建设带来负面影响。特别是近年来，世界主要大国都纷纷宣布碳中和的目标，西方国家更是将碳中和作为引领世界气候变化规则制定的重要抓手。2020年，习近平主席在第七十五届联合国大会一般性辩论上作出碳达峰和碳中和的郑重承诺。加强环境保护与治理既是共建"一带一路"国家和地区的共同心声，也是全球治理的重要内容。2019年，习近平主席在第二届"一带一路"国际合作高峰论坛开幕式上的主旨演讲提到，要始终从发展的视角看问题，将可持续发展理念融入项目选择、实施、管理的方方面面。深入推动"一带一路"建设，将生态文明领域合作作为共建"一带一路"重点内容，加强绿色丝绸之路的政策引导和能力建设，进一步突出生态文明理念，推动绿色发展，加强生态环境保护，在推进绿色基础设施建设，推动绿色产业合作，打造惠及共建"一带一路"国家和地区的绿色产业链，完善绿色发展制度，参与全球绿色治理等方面持续发力。

## 二、以低敏感领域和重点领域合作撬动

绿色丝绸之路建设是一项系统工程，涉及领域较多，因此可优先选择若干重点领域，寻求带动更多领域的突破。由此入手，更符合循序渐进、不断外溢升级的国家间合作的一般规律。与共建"一带一路"国家和地区携手应对发

展挑战，从低敏感的功能领域入手，加强应对气候变化、海洋合作、野生动物保护、荒漠化防治等方面的交流合作，加强气候与环境、促进生物多样性、生态保护、跨界生态廊道和保护区建设等方面的合作，深化农业、卫生、减灾、水资源等领域合作，推动建设绿色丝绸之路。例如，中国与东盟国家同为发展中国家，在全球气候政治中的立场基本一致，在生态建设与绿色发展领域形成了稳定的合作取向。近年来，东南亚地区雨林面积减少，城市化压力较大，生物多样性面临一定威胁，亟待加强跨界生态廊道和保护区建设。目前我国在治理雾霾、"打赢蓝天保卫战"等方面已取得了显著的阶段性成就，可与东盟国家分享经验，并共同推动将其纳入东亚区域环境治理的突出议题。为此，双方有必要结合当前的绿色丝绸之路建设，不断提升各自的气候变化适应能力。

**三、以绿色经贸尤其是产能合作为支柱**

抓住世界经济增长动能和发展方式转换的机遇，促进绿色生产要素的流动，加强绿色、先进、适用技术在共建"一带一路"国家和地区的转移转化，塑造和提升彼此的绿色发展与创新能力。在绿色产能合作领域（主要包括加强绿色项目评估、落实绿色责任与绿色标准）开展绿色园区建设，推进现有工业园区项目的低碳转型。

# 第四节　绿色丝绸之路建设的主要举措

继续与共建"一带一路"国家和地区深化绿色丝绸之路建设，继续做细做实"一带一路"绿色发展，深化当前及未来绿色丝绸之路建设路径，更好保护环境、促进发展、造福人民。

## 一、加强绿色基础设施建设

设施联通是共建"一带一路"的优先方向，绿色基础设施也是建成绿色丝绸之路的重要基础，大力提升共建"一带一路"国家和地区的生态福祉、经济利益和社会效益，高效实现互联互通。一是调整"一带一路"建设的基础设施建设项目结构比重，优先考虑低碳项目和低碳投融资，全面停止新建境外煤电项目。二是在制定基础设施建设的环保标准和规范等方面持续发力，科学做好环境影响评价，采取切实可行的生态环境保护措施，不断加大对"一带一路"建设重大基础设施项目的生态环保服务与支持力度。三是深化绿色清洁能源合作，大力发展水电、风电、光伏等清洁能源领域，帮助共建"一带一路"国家和地区的能源供给向高效、清洁、多元化方向加速转型。四是加强绿色交通合作，推广新能源和清洁能源车辆和船舶，积极推动国际航空低碳发展，促进多式联运和绿色物流发展。五是推广智能基础设施建设（以下简称基建）的中国方案，从老基建为主向以数字经济等新基建转型发展。

## 二、加强绿色产业合作

产业发展是合作共建绿色丝绸之路的重要内容，推动绿色丝绸之路的产业合作不是走"先污染、后治理"的老路，而是走"合作共赢、绿色发展"的新路，提升生态环境风险防范能力，协同推进各国产业转型升级和提质增效。一是找准产业绿色合作契合点。发挥共建"一带一路"国家和地区的资源要素互补、产业错位发展的有利条件，加强国际产能合作与基础设施互联互通，积极推动国内富裕产能向海外转移，推动与共建"一带一路"国家和地区的合作共建基础设施项目，推动共建"一带一路"国家和地区的要素资源优势向产业优势与经济优势转化；加快资源型企业转型升级，加速企业绿色创新步伐，引导关联企业围绕重大项目建设组建技术创新联盟，鼓励来自不同国家和地区的企业与科研院所合作共建产学研协同创新平台，推动产业朝着节能减排、循环闭合的绿色经济方向发展。二是提升产业绿色发展绩效。围绕生态文明建设理念，合作发展生态旅游业、生态畜牧业，积极开发体验式生态消费项目，打造共建"一带一路"国家和地区的独特稀缺资源的生态经济业态；推动工业企业绿色制造，创新我国与共建"一带一路"国家和地区在可再生能源、核能、天然气等清洁能源项目上的合作；推动低碳能源产品和技术加速出国，扩大清洁、低碳、高效的绿色产能合作；加快建设碳汇交易市场与生态产品市场，强化绿色产品品牌培育，拓展绿色产品营销网络；引导文化创意、商务商贸、旅游等绿色产业发展，增加绿色产品供给。

### 三、加强绿色金融体系建设

绿色金融相对滞后导致共建"一带一路"国家和地区在绿色发展中存在激励不足和资金融通不畅等问题，因此，推进绿色丝绸之路需大力推进"一带一路"绿色金融建设。积极参与绿色金融规则制定，制定一套适用、高效、先进的绿色金融标准和规范，让绿色金融的理念与实践惠及共建"一带一路"国家和地区。一是通过发放绿色金融债券、设立绿色发展基金等方式，推动亚洲基础设施投资银行、丝路基金、金砖国家新开发银行等国际金融机构以及国内金融机构全方位支持在共建"一带一路"国家和地区的绿色投资和项目开发。建立专项贷款，将环境审核作为贷款发放的重要准则，将贷款发放给符合该准则的项目，增加对符合该准则的绿色投资项目的贷款发放，为绿色丝绸之路建设提供充分的信贷支持。二是配套绿色资金链。加强绿色融资对绿色投资的支撑和引领，设立"一带一路"绿色投资基金，充分发挥其与双多边开发资金以及国内金融机构优势互补的协同效应，全方位支持在共建"一带一路"国家和地区的绿色投资。针对重点绿色投资项目及围绕其形成的绿色产业链，为绿色投资提供更多融资工具的选择，构建"绿色融资支撑和引领绿色投资，绿色投资回馈绿色融资"的绿色资金链。三是搭建绿色投资服务平台。建立绿色项目信息和绿色认证信息的"一带一路"绿色项目库，为项目与资金方提供对接平台。利用人工智能、卫星监测、大数据等新技术，对"一带一路"倡议的重点项目投资全球碳排放开展实时监测，推进"一带一路"生态环保大数据服务平台建设。四是创立绿色环保技术基金。重点支持"一带一路"建设中绿色基础设施建设、节能环保、生态修复等领域的实用技术研发、推广与成果转化。

**四、深化绿色发展伙伴关系**

在共建"一带一路"倡议所强调的"五通"中，民心相通既是推动"一带一路"建设的手段，也是"一带一路"建设的目标之一，同时还是"一带一路"绿色发展与合作的润滑剂，是绿色丝绸之路建设的社会基础。为了推动绿色丝绸之路民心相通，中国需要继续在政府、城市、企业、智库、民间组织、媒体等方面采取一系列积极交流与合作举措，提升绿色丝绸之路发展动能。"利、情、义"相互结合的民间外交是增进人民友谊、促进国家发展的基础性工作，也是中国外交的重要组成部分。一是倡导绿色政府建设。倡议形成绿色领导思维，突出绿色发展能力建设，完善对外投资中的法律监管、宏观经济、外贸和结算、税收、劳动用工等风险防范机制。二是加强环境国际合作。继续坚持"共同但有区别的责任"原则，帮助发展中国家提升应对碳中和以及气候变化的韧性，加强与广大发展中国家在 WTO 机制下对"碳边境税"的协同，共同反对利用气候变化实施单边主义，损害世界经济复苏的信心。三是推进绿色丝绸之路国际合作研究与交流，有助于加深对绿色丝绸之路的认知，凝聚绿色发展国际共识，与共建"一带一路"国家和地区携手共建绿色发展共同体。四是参与引领国际绿色治理。利用我国在可再生能源设备和技术世界领先优势，帮助共建"一带一路"国家和地区加强清洁煤电技术、防沙治沙、生态修复技术，助力、引领共建国家绿色发展。进一步加强对外绿色援助，继续向各国提供优质和环境友好的产能和先进技术装备。五是加强民间组织绿色合作。积极弘扬丝路文化，倡导生态文化核心价值观，营造全社会关心、支持、参与绿色丝绸之路建设的文化氛围，必须进一步加强共建"一带一路"国家和地区参与民间组织的交流合作，重点面向基层民众，广泛开展教育医疗、减贫开发、教育培训、生物多样性和生态环保精准扶贫、智库建设等各类公益慈善活动，促进欠发达地区生产生活条件的改善。六是落实应对气候变化第三方市场合作。在"一带一路"建议项目上，加强与欧美国家在碳市场和碳排放机制的合作力度，在绿色标准一体化的对话中，各监管机构和市场参与者可以一同探索将亚洲、欧洲和拉美纳入其框架的机会，将关键市场联结起来，为"一带一路"建设项目的开发吸引更多绿色资本，降低投资和环境风险。切实加速推进中美欧"一带一路"建设第三方市场合作，推动低碳转型。

**五、积极推动适用性绿色技术的开发与应用**

"一带一路"国家绿色技术水平低下是绿色丝绸之路建设的一大障碍，同时发达国家在绿色技术方面与我国展开激烈竞争。许多共建"一带一路"国家和地区的经济技术发展水平不高、教育和研发落后，对发达国家的前沿先进的绿色技术接受能力不足、适用性不强、应用成本高，给我国开发中等适用的低成本绿色技术提供了空间。因此，应在学习、吸收发达国家先进绿色技术的基础上，开发适合于共建"一带一路"国家和地区实际情况和发展水平的绿色技术，根据东道国技术可接受能力和市场需求，发展中等水平的应用性技术。开展共建"一带一路"国家和地区比较优势和利益共享原则下的绿色技术合作。鼓励对共建"一带一路"国家和地区绿色技术输出，促进相关国家对绿色技术的吸收和转化。积极推动相关国家绿色节能低碳技术大规模应用，通过产业间的资源重新配置推动绿色化生产。建立共建"一带一路"国家和地区互相联通、共同认可的绿色标准体系，为实现绿色技术的应用提供保障。通过亚投行等"一带一路"建设金融组织，设立绿色技术创新基金，重点支持绿色环保实用技术的研发、推广与成果转化。重点对绿色能源、环境治理、生态修复、节能减排、绿色建筑、绿色基础设施等领域的新技术研发与推广给予支持。完善知识产权制度，建立共建"一带一路"国家和地区互相联通、共同认可的知识产权保护体系。

# 第五节　绿色丝绸之路建设的保障措施

合作共建绿色丝绸之路不是一蹴而就，而要持续努力。要认真落实《"一带一路"绿色发展北京倡议》，加快服务平台和人财物的要素保障，保障绿色丝绸之路的建设顺利进行，用更多的绿色发展实际成效惠及共建"一带一路"国家和地区的经济发展和社会进步。

## 一、加强"一带一路"生态环保大数据服务平台建设

共建"一带一路"国家和地区不仅经济发展水平不同，环境标准、环境意识、环境文化等也存在差异。在充分调研的基础上汇总共建"一带一路"国家和地区的环境相关信息，建设一个环境类公共信息服务平台，不仅包括共建"一带一路"国家和地区的环境法律法规、环境技术水平、环境职能部门的信息、民众环保意识状况、生态状况及生态敏感地区等，还应包括与海外环境保护相关的中方信息，如我国签订的双边或多边投资协定是否有环境条款、我国对企业海外投资行为是否设立了环境门槛、我国金融机构进行贷款是否设

有环境条款等。此外，环境信息服务平台也要收录国际组织的环境准则、跨国环境争端案例库等，便于我国企业借鉴。在"一带一路"经贸合作中，要重视协调经贸合作拓展与环境标准之间的关系，遵循和完善绿色投资与贸易规则，推动中国绿色标准"走出去"。建立公开透明的"一带一路"建设项目案例库、数据库、规则和方法库，及时披露"一带一路"建设项目环境标准、环境社会评估结果等相关细节，提升"一带一路"倡议的国际信任度。

### 二、提高对共建"一带一路"绿色发展的人才支持力度

共建"一带一路"倡议的实施依托于人才，特别是有着国际视野的环境人才。要以绿色丝路使者计划为基础，继续深化人才支持，特别是要培养绿色丝绸之路建设中环境政策的研究型人才、国际环境合作的外交型人才以及全球生态文明理念的国际宣传型人才等，为绿色丝绸之路建设奠定基础。一是加强国际环境教育合作，加大环境新型人才和环境复合型人才的培养力度。环境新型人才包括从事碳金融、碳审计、碳盘查、企业碳战略、合同碳管理、碳资产托管等业务的人才。环境复合型人才指的是能够基于不同的学科背景为环境治理能力的提升做出贡献的人，甚至具有多学科背景并具有国际视野的环境人才。企业应该为这类人才的成长提供空间。例如，企业可以设立环境技术或环境顾问职位，便于企业提升环境竞争力。二是积极开展"一带一路"绿色发展人才培训。建立"一带一路"科技人文交流长效机制，及早启动"一带一路"绿色发展人才培养计划，实施加快推进丝路青年交流计划。建立"一带一路"国际科学联盟和思想库，为"一带一路"建设提供战略决策支持，解决丝绸之路经济带建设面临的重大科技问题。

### 三、完善环境风险识别和防控制度

共建"一带一路"国家人口分布不均衡、经济发展不平衡、资源环境承

载力差异明显。推进绿色丝绸之路建设不可避免地会出现经济发展与环境保护、空间有序开发与空间无序发展、能源资源集约节约利用与粗放利用等一系列问题。合作共建绿色丝绸之路，要以完善生态文明制度体系为落脚点，推动共建"一带一路"国家和地区绿色发展，营造多方支持、合作创新的良好氛围，共同打造绿色丝绸之路的生态环境共同体。一是建立完善风险识别防范机制。有效识别和科学评估对外投资活动中的环境风险，注重防范地缘政治、国家信用、金融市场、对外投资领域的风险，完善对外投资环境影响评价管理规范和制度体系，保障生态环境安全。二是协同应对生态风险侵袭，共建生态安全网络。重点打造绿色发展国际联盟，积极推动共建"一带一路"国家和地区在规则标准制定、生态风险联防联治、应急响应机制建设与环境安全信息互助共享等领域的务实合作。加强项目建设科学论证，提升对境外项目生态环境风险评估与防范的咨询服务能力，合作共建生态屏障或生态保护区。借鉴主体功能区发展战略，推动空间开发、生态保护与经济发展有机协调。

# 参考文献

［1］蔡云辉. 生态资源的资本转换［J］. 经济问题, 2005 (11): 12-14.

［2］曹晟, 唐子来. 英国传统工业城市的转型: 曼彻斯特的经验［J］. 国际城市规划, 2013, 28 (6): 25-35.

［3］陈宝江. 对衰退产业的思考［J］. 学习与探索, 2000 (5): 38-43

［4］陈弘仁, 张振. 改革试验区: 率先实现创新驱动转型［J］. 中国经贸导刊, 2015 (30): 47-49.

［5］陈琳琳, 金凤君, 洪辉. 东北地区工业基地演化路径研究［J］. 地理科学, 2016, 36 (9): 1378-1387.

［6］陈耀. 新一轮东北振兴战略要思考的几个关键问题［J］. 经济纵横, 2017 (1): 8-12.

［7］陈烨, 宋雁. 哈尔滨传统工业城市的更新与复兴策略［J］. 城市规划, 2004 (4): 81-82.

［8］陈一君. 衰退产业的企业创新战略探讨［J］. 商业研究, 2006 (4): 20-23.

［9］陈中, 任晓. 化解产能过剩剑指五大行业［J］. 珠江水运, 2013 (20): 50-51.

［10］冯万林．区域创新中心构建及评价研究［D］．合肥：合肥工业大学，2014．

［11］高吉喜，范小杉，李慧敏，等．生态资产资本化：要素构成·运营模式·政策需求［J］．环境科学研究，2016（3）：315-322．

［12］龚勤林．合作共建绿色丝绸之路的思考［J］．区域经济评论，2017（6）：16-19．

［13］国务院办公厅．关于建立统一的绿色产品标准、认证、标识体系的意见［J］．中国标准化，2017（1）：40．

［14］何燕子．区域衰退产业的识别和退出机制［J］．湖南社会科学，2006（5）：97-99．

［15］洪增林，等．城市老工业区产业转型研究进展与评述［J］．西安工业大学学报，2013（11）：861-865．

［16］胡晓玲，徐建刚，童江华，孙鸿洁．快速转型期老工业基地工业用地结构调整研究——以武汉为例［J］．城市规划，2007（5）：40-46．

［17］湖南城市学院规划建筑设计研究院．长株潭城市群生态绿心地区总体规划［Z］．2011．

［18］黄平利，王红扬．我国城乡空间生态规划新思路［J］．浙江大学学报（理学版），2007，34（2）：228-232．

［19］黄征学．珠江三角洲产业结构升级问题研究［J］．中国经贸导刊，2009（7）：26-27．

［20］霍津．绿色金融助推绿色丝绸之路建设的研究——基于农行发展绿色金融的思考［J］．金融发展评论，2017（12）：87-94．

［21］姜芳．构建东北区域创新体系研究［D］．大连：大连海事大学，2008．

［22］姜四清．我国中西部老工业基地产业衰退地域评价方法和特征研究

[J]. 人文地理，2010（3）：105-108.

[23] 金畅. 提升辽宁区域自主创新能力的对策研究 [J]. 辽宁经济，2014（1）：32-33.

[24] 金凤君. 变革性创新是东北地区经济健康发展的必由之路 [J]. 科技导报，2019，37（12）：25-31.

[25] 荆楚网. 武汉生态隔离带面临失守 "摊大饼"式发展蚕食绿色空间 [EB/OL]. [2014-01-06]. http：//hews. cnhubei. com/xw/wuhan/201401/t2807037_2. shtml.

[26] 蓝庆新，梁伟，唐琬. 绿色"一带一路"建设现状、问题及对策 [J]. 国际贸易，2020（3）：7.

[27] 李诚固. 东北老工业基地衰退机制与结构转换研究 [J]. 地理科学，1996，16（2）：106-114.

[28] 李春艳，徐喆，刘晓静. 东北地区大中型企业创新能力及其影响因素分析 [J]. 经济管理，2014（9）：36-45.

[29] 李浩淼. 西部地区生态文明建设与经济发展关系研究 [M]. 成都：西南财经大学出版社，2013.

[30] 李善同，冯杰. 东北老工业基地改造和振兴的思路与建议 [J]. 冶金经济与管理，2003（5）：9-11.

[31] 李苑. 生态资源怎样转化为生态资产 [J]. 决策与信息（中旬刊），2015（3）：24-26.

[32] 林红梅. "突破辽西北"战略中的生态建设问题研究 [J]. 城市发展研究，2010，17（9）：62-67.

[33] 林善波. 关于衰退产业的退出 [J]. 福州党校学报，2003（4）：35-38.

[34] 刘方. "十三五"时期提升创新能力的思路 [J]. 宏观经济管理，

2015（11）：42-42.

[35] 刘海军，刘庆宏．构建东北区域创新体系探析 [J]．大连海事大学学报（社会科学版），2008，7（1）：42-45.

[36] 刘贺青．绿色"一带一路"建设的意义、原则及保障 [J]．贵州省党校学报，2016（5）：42-46.

[37] 刘红燕．韩国产业升级经验对发展深圳总部经济的启示 [J]．对外经贸实务，2007（1）：29-32.

[38] 刘雅南，邵宜航．城市兴衰演变的经济学分析 [J]．经济学家，2014（1）：48-55.

[39] 刘洋．东北地区经济转型升级的战略思考 [J]．宏观经济管理，2016（2）：47-49.

[40] 刘志高，张薇．中国大都市区高新技术产业分叉过程及动力机制——以武汉生物产业为例 [J]．地理研究，2018，37（7）：1349-1363.

[41] 柳卸林，高太山，周江华．中国区域创新能力报告2014 [M]．北京：科学出版社，2015.

[42] 陆国庆．产业调整壁垒及其克服途径 [J]．经济评论，2001（1）：72-74.

[43] 陆国庆．衰退产业论 [M]．南京：南京大学出版社，2002.

[44] 吕贤军．城市群地区城乡生态空间保护与利用研究——以长株潭生态绿心地区为例 [J]．城市发展研究，2013，20（12）：82-87.

[45] 马诗萍，张文忠．长江经济带资源型城市与老工业基地产业转型发展路径与模式研究 [J]．智库理论与实践，2019，4（6）：58-67.

[46] 朴琳．绿色金融助推绿色丝绸之路经济发展研究 [J]．大庆社会科学，2017（4）：131-133.

[47] 任红波，李鑫．产业演化逻辑与衰退产业战略选择 [J]．科学管理

研究，2001（5）：46-50.

　　[48] 任晶. 我国老工业基地创新系统构建研究——以东北区为例 [D].长春：东北师范大学，2008.

　　[49] 申红艳. 国外老工业城市产业转型的经验借鉴 [J]. 宏观经济管理，2020（1）：85-90.

　　[50] 沈正岩. 产业转型升级的"韩国经验" [J]. 政策瞭望，2008（3）：48-49.

　　[51] 史忠良，等. 产业兴衰与转化规律 [M]. 北京：经济管理出版社，2004.

　　[52] 束晨阳. 论中国的国家公园与保护地体系建设问题 [J]. 中国园林，2016（7）：19-24.

　　[53] 宋效峰. 中国与东盟共建绿色海上丝绸之路的路径探析 [J]. 北部湾大学学报，2020，35（7）：40-46.

　　[54] 孙韬，巩顺龙. 东北地区装备制造业的创新现状及对策 [J]. 经济纵横，2011（5）：59-61.

　　[55] 孙中博，张秀娥. 提升东北地区中小企业创新能力的对策 [J]. 经济纵横，2012（12）：62-64.

　　[56] 谭俊涛，刘文新，张平宇. 城市老工业区搬迁改造评价思路与方法 [J]. 现代城市研究，2017（6）：70-76.

　　[57] 滕飞. 我国产业衰退地区的社会民生支持政策建议 [J]. 中国经贸导刊，2017（7）：66-68.

　　[58] 田野. 基于生态系统价值的区域生态产品市场化交易研究 [D]. 武汉：华中师范大学，2015.

　　[59] 万喆. "碳中和"背景下"绿色丝绸之路"危机中育新机 [J]. 中国经济评论，2021（5）：36-40.

［60］王宝钧，宋翠娥，傅桦．城市生态空间与城市生态腹地研究［J］．河北师范大学学报，2009（6）：825-830.

［61］王峰，王澍．生态文明建设有关制度改革［J］．国土资源情报，2017（1）：10-13.

［62］王科，杨亚芹，吴振华．现代服务业发展与产业结构升级——基于京津冀产业融合视角［J］．商业经济研究，2020（9）：39-42.

［63］王晓娟，陈金木，郑国楠．关于培育水权交易市场的思考和建议［J］．中国水利，2016（1）：8-11.

［64］王晓娟，李晶，陈金木，等．健全水资源资产产权制度的思考［J］．水利经济，2016（1）：19-22.

［65］王燕宏．浅析生态文明体制改革的实践创新［J］．消费导刊，2018（1）：112.

［66］王一兵，王恕立．论老工业基地的衰退机理与振兴路径［J］．社会科学辑刊，2011（2）：133-135.

［67］魏后凯．我国老工业基地振兴过程中存在的问题及政策调整方向［J］．经济纵横，2010（1）：38-42.

［68］魏守华，吴贵生，吕新雷．区域创新能力的影响因素——兼评我国创新能力的地区差距［J］．中国软科学，2010（9）：76-85.

［69］吴昊天，杨郑鑫．从国家级新区战略看国家战略空间演进［J］．城市发展研究，2015，22（3）：1-10.

［70］辛华．武汉列入国家全面创新改革试验区［J］．决策与信息（上旬刊），2015（10）：24-25.

［71］杨培峰．城乡空间生态规划理论与方法研究［M］．北京：科学出版社，2006.

［72］杨鹏飞．长沙都市区生态空间结构优化研究［D］．武汉：华中科技

大学，2008：23-26.

[73] 易伟义，余博．区域创新能力提升路径研究 [J]．宏观经济管理，2012（12）：49-50.

[74] 应思远．碳汇林投资风险研究——以浙江省为例 [D]．杭州：浙江农林大学，2015.

[75] 于宏源，汪万发．绿色"一带一路"建设：进展、挑战与深化路径 [J]．中国国际问题研究，2021（2）：132-151.

[76] 余子萍，王丽，沙润．养生生态旅游示范区标准构建及环境营造——以句容市茅山风景区为例 [J]．西南农业大学学报（社会科学版），2010（5）：1-4.

[77] 俞孔坚，李迪华，韩西丽．论"反规划" [J]．城市规划，2005，29（9）：64-69.

[78] 曾荣平，岳玉珠．日本加州地区产业衰退与产业转型的启示 [J]．当代经济，2007（23）：106-107.

[79] 曾贤刚，虞慧怡，谢芳．生态产品的概念、分类及其市场化供给机制 [J]．中国人口·资源与环境，2014（7）：12-17.

[80] 张平宇，马延吉，刘文新，等．振兴东北老工业基地的新型城市化战略 [J]．地理学报，2004，59（S1）：109-115.

[81] 张万强．老工业基地加快建立现代产业体系的路径研究 [J]．中国经贸导刊，2010（11）：71.

[82] 张悦．哈长城市群协调发展研究 [D]．长春：东北师范大学，2018.

[83] 张志元．提升东北地区制造业核心竞争力：研究回顾与展望 [J]．当代经济管理，2013，35（7）：8-12.

[84] 赵建吉．区域新兴产业形成机理：演化经济地理学的视角 [J]．经

济地理, 2019, 39 (6): 36-45.

[85] 赵儒煜, 王媛玉. 东北经济频发衰退的原因探析 [J]. 社会科学战线, 2017 (2): 48-57.

[86] 赵婷婷, 何娇, 唐凯, 等. 长株潭城市群生态空间结构优化研究 [J]. 内蒙古农业科技, 2012 (1): 88-90.

[87] 赵雪莲. 产业蜕变传递机理研究 [M]. 济南: 山东科技大学, 2009.

[88] 赵峥. 依靠创新驱动城市发展模式转变 [J]. 中国国情国力, 2016 (2): 9-11.

[89] 周国梅, 蓝艳. 共建绿色 "一带一路" 打造人类绿色命运共同体实践平台 [J]. 环境保护, 2019, 47 (17): 23-26.

[90] 周国梅. "一带一路" 绿色发展的中国贡献 [J]. 当代中国与世界, 2017 (3): 18-28.

[91] 周新生. 产业衰退及退出产业援助机制 [J]. 产业经济研究, 2003 (5): 52-57.

[92] 周亚敏. 携手打造 "绿色丝绸之路" [N]. 经济日报, 2019-05-08.

[93] 周子贵, 张勇, 李兰英, 等. 浙江省林业碳汇发展现状、存在问题及对策建议 [J]. 浙江农业科学, 2014 (7): 980-984.

[94] 朱拾遗. 高校人才在科技成果转化为生产力中的重要作用 [J]. 生产力研究, 2015 (8): 47-50.